百科通识文库
49

破解意识之谜

苏珊·布莱克莫尔 著
薛贵 译

外语教学与研究出版社
北京

京权图字：01-2006-6865

图书在版编目（CIP）数据

破解意识之谜 /（英）布莱克莫尔（Blackmore, S.）著；薛贵译. — 北京：外语教学与研究出版社，2015.8（2021.8重印）
（百科通识文库）
ISBN 978-7-5135-6518-9

Ⅰ. ①破… Ⅱ. ①布… ②薛… Ⅲ. ①意识－研究 Ⅳ. ①B842.7

中国版本图书馆CIP数据核字(2015)第198786号

出 版 人　徐建忠
项目策划　姚　虹
责任编辑　周渝毅
封面设计　泽　丹
版式设计　锋　尚
出版发行　外语教学与研究出版社
社　　址　北京市西三环北路19号（100089）
网　　址　http://www.fltrp.com
印　　刷　中农印务有限公司
开　　本　889×1194　1/32
印　　张　6.5
版　　次　2015 年 9 月第 1 版　2021 年 8 月第 2 次印刷
书　　号　ISBN 978-7-5135-6518-9
定　　价　20.00 元

购书咨询：（010）88819926　电子邮箱：club@fltrp.com
外研书店：https://waiyants.tmall.com
凡印刷、装订质量问题，请联系我社印制部
联系电话：（010）61207896　电子邮箱：zhijian@fltrp.com
凡侵权、盗版书籍线索，请联系我社法律事务部
举报电话：（010）88817519　电子邮箱：banquan@fltrp.com
物料号：265180001

百科通识文库书目

历史系列：

美国简史
探秘古埃及
古代战争简史
罗马帝国简史
揭秘北欧海盗
日不落帝国兴衰史——盎格鲁－撒克逊时期
日不落帝国兴衰史——中世纪英国
日不落帝国兴衰史——十八世纪英国
日不落帝国兴衰史——十九世纪英国
日不落帝国兴衰史——二十世纪英国

艺术文化系列：

建筑与文化
走近艺术史
走近当代艺术
走近现代艺术
走近世界音乐
神话密钥
埃及神话
文艺复兴简史
文艺复兴时期的艺术
解码畅销小说

自然科学与心理学系列：

破解意识之谜
认识宇宙学
密码术的奥秘
达尔文与进化论
恐龙探秘
梦的新解
情感密码
弗洛伊德与精神分析
全球灾变与世界末日
时间简史
简析荣格
浅论精神病学
人类进化简史
走出黑暗——人类史前史探秘

政治、哲学与宗教系列：

动物权利
《圣经》纵览
释迦牟尼：从王子到佛陀
解读欧陆哲学
死海古卷概说
欧盟概览
存在主义简论
女权主义简史
《旧约》入门
《新约》入门
解读柏拉图
解读后现代主义
读懂莎士比亚
解读苏格拉底
世界贸易组织概览

目 录

图目

第一章

为什么关心意识之谜？

一个困难的问题

什么是意识？这个问题听起来简单，实则不然。在人们探讨的问题中，意识是一个看似再明显不过，却又最难解释清楚的概念。我们要么必须用意识来探讨其本身（这个想法本身就略显怪异），要么就得让自己从想要研究的这个概念中解脱出来。难怪几千年来哲学家、科学家一直在这个概念上苦苦探索，也难怪科学家曾长期抵制它，甚至拒绝研究。令人欣喜的是，进入 21 世纪，“意识研究”逐渐兴起。心理学、生物学、神经科学已准备好探讨这样一些难题：意识的功能是什么？如果没有意识，人类有没有可能进化到今天？意识有可能是一种幻觉吗？不管怎样，到底什么是意识呢？

图 1 还没有人能成功跨越内部和外部、精神和大脑、主观和客观之间的巨大鸿沟或者解释空白。

这并不意味着意识之谜已经消失。事实上，它还是一如既往地深奥。不同的是，我们现在对大脑的认识有了长足的进步，已经能够直面意识这个问题。人脑中有数百万细小的脑细胞，它们的放电究竟是怎样产生个人、主观的意识体验呢？

想要在认识意识的征途中取得任何进展，我们必须重视这个问题。许多人声称他们已经揭开了意识之谜：他们提出大统一场理论、量子力学理论或精神的“意识力”等许多理论来解释意识，但其中大部分人完全忽视了物质世界和精神世界之间的巨大鸿沟或“无底深渊”。只要忽视这个问题，他们就根本不是在探讨意识。

这其实是哲学家2,000多年来一直在思考的著名的心－身问题的现代版。人们面临的困难在于：在平常的人类体验中似乎存在两类完全不同的事物，但还没有一个显而易见的方式使二者融为一体。

一方面，我们有自己的体验。现在，我可以看见远处山上的房子和树木，听到汽车从大道上驶来，享受自家房屋的温馨和熟悉，同时也想知道是不是因为那只猫想进来才发出那抓挠之声。所有这些都是我自己的个人体验，很难向别人表述清楚。我可能会想你对绿色的体验是否和我一样，或者咖啡对你我是否具有完全相同的香味，但我永远弄不明白。这些难以言传（或无法形容）的特质就是哲学家所谓的**感质**（虽然在是否存在感质这个问题上还存有许多争论）。那个晶莹剔透的红杯子的红色是一个可感受的特质；我的小猫身上的皮毛的柔软感也是可感受的特质；咖啡的香味也同样如此。这些体验似乎都是真实的、生动的，不可否认。它们构成了我所生活的世界。事实上，它们就是我所拥有的全部。

另一方面，我深信世界上存在着一个物质世界，是它产生了这些体验。我可能会对这个物质世界的构成或更深层的本质存有疑问，但我并不怀疑它的存在。如果我否认它的存在，就无法解释为什么当我来到门口时，可能会见到猫跑进来——如果你恰好经过，你也会同意说现在正有一只猫拖着沾满泥的脚踩过我的书桌，留下一串脚印。

令人难以理解的是，这两种事物似乎截然不同。有一些是真实存在的实物，它们的大小、形状、重量及其他种种属性大家都可以测量并达成一致。但同时也存在个人体验——疼痛感以及我现在所看到的苹果的颜色。

历史上多数人都采用过某种形式的二元论，即认为确实存在两个不同的领域和世界。在当今绝大多数的非西方文化中，情况依旧如此。调查显示，多数受过教育的西方人也这样认为。几乎所有的主流宗教都采用二元论：基督徒和穆斯林相信永恒、非物质的灵魂，而印度教教徒则相信阿特曼[1]（Atman）或心中神圣的自我。在宗教中，仅有佛教否认存在连续的内在自我或灵魂。即使在非宗教人士

1　阿特曼，字面意思是自我，有时也译成灵魂。它是印度教和吠檀多（古代印度哲学中一直发展至今的唯心主义理论）所使用的一个哲学术语，指超越了一切外部存在的表面现象的真正自我。——译注，下同

中，二元论也普遍存在于西方文化中。流行的新时代理论唤醒了心灵、意识或精神的力量，仿佛它们是一股独立的力量。替代疗法治疗师赞同精神对身体的影响，仿佛精神和身体二者完全不同。这样的二元观是如此深地植根于我们的语言之中，以至于我们可以愉快地谈论“我的大脑”或“我的身体”，仿佛“我”与“它们”可以彼此分离。

17 世纪，法国哲学家勒内·笛卡尔（René Descartes, 1596—1650）正式提出了人所共知的二元论。这个叫做笛卡尔二元论的理论认为心和脑由不同的物质构成。在笛卡尔看来，心是非物质的，不可延伸(即不占空间或没有位置)，而身体和自然界的其余部分由有形的、可延伸的物质构成。该理论的漏洞显而易见：身心之间如何相互作用？笛卡尔认为它们在大脑中心一个叫松果体的细小组织里相遇。但这只是暂时回答了这个问题。松果体是一个实实在在的结构，但笛卡尔二元论没有解释为什么单单只有它可以通向精神世界。

任何一个试图建立二元论的努力都会在身心相互作用这个问题上受阻，这也许正是大多数哲学家和科学家完全拒绝一切形式的二元论，而主张某种形式的一元论的原

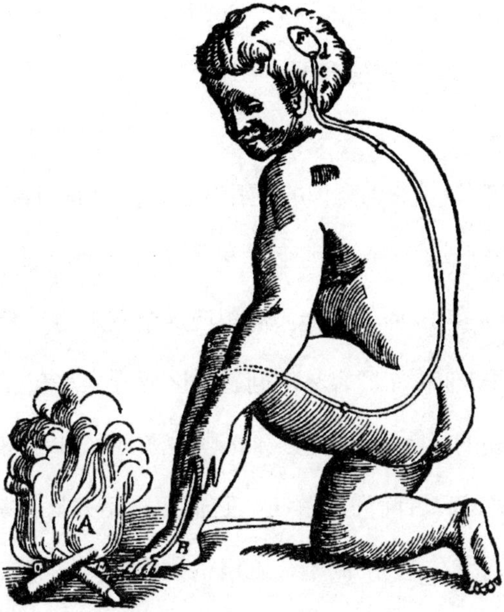

图 2 笛卡尔用机械反应和小管子里流淌的“生命力”来解释疼痛反射。但当说到意识体验时，他认为它们隶属于一个完全不同的精神世界，并通过大脑中心的松果体与身体相连。

因。但他们的选择并不多，而且同样也面临很多问题。唯心主义者认为精神是最根本的，但他们必须解释为什么存在协调一致的物质世界以及它是如何产生的。中性一元论者反对二元论，但他们对世界的本质及其统一方式还不能达成一致意见。第三种选择是唯物主义，目前这在当今的科学家中是最受欢迎的。唯物论者认为物质是最根本的，但他们必须面对本书要探讨的问题：如何解释意识？完全由物质构成的大脑如何产生出意识体验或不可言喻的感质？

这个问题被称为意识的“困难的问题”（hard problem）。这个术语最早由澳大利亚哲学家大卫·邱玛斯（David Chalmers）在1994年创造。他想把这个重要的、无法抗拒的难题同被他称作“容易的问题”区分开来。在邱玛斯看来，“容易的问题”指那些我们原则上知道该如何解决的问题，即使我们目前尚未解决，它们包括诸如感知、学习、注意力或记忆之类的问题，也包括我们如何辨别物体、如何对刺激作出反应以及如何区别睡眠状态和清醒状态等等。他说，相对于体验本身这个真正的难题而言，这些问题都很容易。

并不是人人都赞同邱玛斯的观点。一些人声称“困难的问题”并不存在，认为这不过是由于人们对意识的错误理解，或对“容易的问题”的严重低估而造成的。美国哲学家帕特里夏·丘奇兰德（Patricia Churchland）称其为“伪问题”(hornswoggle problem)。她认为我们并不能预先决定哪个问题才是真正令人费解的问题。她声称“困难的问题”源于人们错误的直觉，即认为在解释了知觉、记忆、注意和所有其他细节之后，仍然会遗漏“意识本身”这个问题。

这些反对意见非常重要。在深入讨论之前，我们必须把“意识本身”的意义弄得更清楚，如果它有意义的话。

界定意识

成为一只蝙蝠会有怎样的体验？[1] 这个古怪的问题在意识研究史中占有重要地位，于20世纪50年代首次提出。1974年，美国哲学家托马斯·内格尔（Thomas Nagel）使它闻名于世。他用这个问题来质疑唯物论，探讨我们对意识的定义以及阐明为什么心－身问题如此棘手。他说，我们讲的意识是**主观性**。如果成为蝙蝠能够体验到什么——**对于蝙蝠自身来说的体验**，那么蝙蝠是有意识的。如果成为蝙蝠什么体验也没有，那么蝙蝠便没有意识。

1 这个问题的英文原文是What is it like to be a bat?直译为“成为一只蝙蝠会是什么样？”。在内格尔看来，这个问题的核心是蝙蝠是否拥有主观的体验。

例如，想象一下你桌上的茶杯、壶或塑料饰品，然后我问你成为茶杯会有怎样的体验？你可能会回答根本就没有体验，或茶杯没有知觉，或瓷器是死的等等。认为壶和茶杯没有意识对你可能并不难。但如果谈到蠕虫、苍蝇、细菌或蝙蝠时，你或许会遇到较多的困难。你不知道——事实上，你无法知道——成为蚯蚓会是什么样。即便如此，正如内格尔指出的一样，如果你认为成为蠕虫能够有某种体验，那么你会认为蠕虫是有意识的。

内格尔选择蝙蝠作为例子是因为蝙蝠与我们大不相同。它们能够飞翔，大多数时间生活在黑暗之中，倒挂在树上或者潮湿的洞穴里，并用声呐而非视觉来观察世界。也就是说它们在飞行时发出快速而尖锐的吱吱声，然后通过分析反射到自己灵敏的耳朵中的回声来了解周围环境。

界定意识

目前意识还缺乏普遍公认的定义，但是下列观点会让你对其含义有所了解。

“成为……会有什么体验”：如果成为某种动物（或计算机、婴儿）会有体验，那么这个东西就是有意识的，否则就没有。

> **主观性或可感性**：意识意味着主观体验或可感知的体验。这是事物对于“我”的所是，而非其客观所是。
>
> **感质**：体验中无法言传的主观特质，比如红色的红或松节油那种无法形容的气味。一些哲学家声称它们不存在。
>
> **困难的问题**：客观的、物质的大脑如何产生主观体验？

如此体验世界会是什么样的一种感觉呢？想象自己变成一只蝙蝠毫无用处，因为受过教育、会说话的蝙蝠肯定不正常。反之，如果**你**成为一只正常的蝙蝠，不会思考也不会说话，那么你就回答不了你自己的问题。

内格尔认为我们永远不可能知道成为蝙蝠会有什么体验，由此他得出结论说这是一个无法解决的问题。他因此被称为**神秘论者**。另一个神秘论者是美国哲学家科林·麦克金（Colin McGinn）。他认为人类在意识理解方面是“认知封闭”的。也就是说，我们无望了解意识，就像狗根本无法阅读它愉快地从商店叼回来的报纸一样。心理学家史蒂文·平克（Steven Pinker）对此表示完全赞同：我们也许可以了解心理活动过程的大部分细节，但是我们可能永远无法理解意识本身。

像内格尔一样悲观的人并不是很多，但他的问题有助于让我们记住什么才是意识研究中最关键的问题，这一点已被证实。如果仅仅将感知、记忆、智力或解决问题看成是纯物质过程，然后声称自己已经解释意识，这毫无用处。如果你真的是在讨论意识，你必须用这样或那样的方式来解决主观性问题。你要么必须切实解决那个困难的问题并解释主观性如何产生于物质世界；抑或，你若认为意识等同于那些物质过程，或意识只是一种幻觉，甚至根本不存在，那么你必须解释它的存在缘何**看起来**如此真实。不管怎样，你只有在讨论“成为……会有什么体验？”这个问题时才能说自己真正在论述意识。

意识这个术语的核心含义也可称为可感性或现象意识。这两个术语是美国哲学家内德·布洛克（Ned Block）提出的。布洛克比较了**现象意识**和**取用意识**两个概念，前者指在某种状态下的感觉体验，而后者指其能否用于思考或指导言行。内格尔所谈论的是现象意识（或可感性或主观性），它也是意识问题的核心。

了解这些概念之后，我们就可以探讨意识研究中的一个争论焦点。这关乎下面这个问题：意识是我们人类具有的除了感知、思维和体验能力以外的额外能力呢，还是作为一个能够感知、思考和体验的造物身上固有的、不可分割的一部分？这个问题确实非常关键，是所有其他问题的基础。你可能想现在就决定你对这个问题的看法，因为无论你的答案是什么，其含义都颇为惊人。

一方面，如果意识是额外附加的一种能力，那么我们自然会问：我们为什么具有这种能力？我们想要问意识有何用，它有什么功能，我们是如何具备这种能力的。按照这个观点，不难想象我们的进化并不需要它。因此我们想知道为什么意识会进化生成，它给我们带来了什么好处，是否其他生物也进化生成了意识。依照这个观点，那个困难的问题的确非常难，而今后的任务就是要回答这些难题。

另一面，如果意识为复杂的大脑过程所固有，且不可分割，那么问这些问题就变得毫无意义。按照这一观点（在有些版本中叫做功能主义），问意识为什么会生成的问题毫无价值，因为任何在进化中获得智力、感知、记忆和情绪的造物必然是有意识的。同样，谈论“意识本身”或“不可言喻的感质”也毫无意义，因为除了这些过程和能力之外并没有额外之物。

依据此种观点，实在没有什么深藏的奥秘，也没有“困难的问题”。因此我们面临的任务也颇为不同：即是要解释这样的问题为什么**好像**存在，以及为什么我们**似乎**拥有不可言喻的、非物质的、有意识的体验。正是在这里，意识是一种幻觉的观念产生了，因为意识和“困难的问题”都不是其看起来的那样，因此我们必须解释幻觉是如何产生的。

如果你认为上述两种观点的含义不易掌握，下面这个思维实验可能会有所帮助。

无意识躯体

想象这么一个人：他长得和你一模一样，行为举止像你，想法像你，说话也和你一样，但他却没有意识；他没有自己的意识体验，一切行动都在无意识下进行。这个无意识的造物并不是某个半死不活的海地还魂尸，它是哲学家所指的无意识躯体。

无意识躯体当然容易想象，但他们真的存在吗？这看似简单透顶的问题却引发了大量哲学难题。

那些认为无意识躯体真的存在的人相信世上确实有可能存在两种功能相当的系统，一种是有意识的，另一种是无意识的。邱玛斯就是这样一个人。他声称无意识躯体不仅是可以想象的，而且也是可能的——即使没有出现在我们生活的世界，也会存在于其他某个世界。他想象他的孪生僵尸（无意识躯体）行为举止和他完全一致，但没有意识体验，也没有内心世界和感质。在僵尸大卫[1]的内心世界，一切都是黑暗的。其他哲学家虚构了一些有关一个住满了无意识躯体的僵尸王国的思维实验；或者推测有些活生生的哲学家可能只是假装有意识，而实际上就是无意识躯体。

那些不相信无意识躯体的存在的人认为整个无意识躯体的想法都很荒谬。这其中包括丘奇兰德和美国哲学家丹尼尔·丹尼特（Daniel Dennett）。他们声称，无意识躯体的说法荒唐可笑，因为任何一个系统如果能够走路、讲话、思考、玩游戏、选择衣着、享受大餐以及做其他一切我们能做的事情，那么它必然会拥有意识。问题在于，他

1 大卫是邱玛斯的名。

们抱怨说，人们在想象无意识躯体时只不过是在骗人：他们没有足够认真地对待这个定义。如果你不想骗人，你一定要记住无意识躯体必须在外表上与正常人完全没有区别。也就是说，问诸如无意识躯体拥有什么体验之类的问题或者测验其哲学水平是没有意义的，因为**根据定义**，无意识躯体必须表现得和有意识的人一样。批评者认为，如果你真的遵守这些规则，无意识躯体的说法就变得毫无意义。

现在应该容易看出无意识躯体确实只是思考下面这个关键问题的一种形象方式：意识是我们人类有幸具备的一种特殊附加才能，还是随感知、思维或感情等技能进化而来的必然产物？如果你认为它是一种附加才能，那么你就会相信我们可能都进化成了无意识躯体而非有意识的人，甚至会相信你的邻居可能就是个无意识躯体。但如果你认为意识是人类拥有的各种技能所固有的一部分，与它们不可分割，那么无意识躯体根本不可能存在，整个说法也是愚蠢的。

在我看来，无意识躯体这一说非常愚蠢。尽管如此，它仍然非常具有吸引力，其中的主要原因是想象一个无意

图 3 哲学家构想的无意识躯体只会让人糊涂。

识躯体容易至极。但想象某事有多容易并不是认识真理的一个好向导。那么让我们从另一个颇为不同的层面来思考这个问题——意识是否具有功能。

“意识力”这个词常见于流行话语，指意识是能够直接影响世界的某种力量。它要么通过作用于我们自身得以体现，比如当“我”有意识地决定移动我的胳膊，于是它就动了；它要么体现在治疗心理创伤、心灵感应或“意识胜过物质”等方面，但在这方面的争议更大。与无意识躯体一样，这种“力量”也很容易想象。我们可以想象自己的意识以某种方式延伸出去并对事物产生影响。但这种说法有道理吗？一旦你想起意识意味着主观性或可感性，那么这种说法就变得不太合理。“成为……会有什么体验？”怎么可能变成一种力量或能力？我对那棵树的绿的**体验**怎么可能会引发某件事情呢？

探讨意识能否成为一种能力或者力量的一个方法是问这样一个问题：如果将其取走会有什么情况发生？显然，如果意识具有力量，剩下的绝不可能是无意识躯体，因为根据定义，无意识躯体必须与有意识的人完全一致。所以留下来的会是一个与有意识的人不同的人，因为他们不能……他们不能干什么？

也许你觉得需要意识来参与决策，但我们对大脑作决定的过程已经有很多了解，它似乎并不需要额外的力量来作决定。同时，我们也可以制造这种计算机，它们不需要特殊的意识模块就能作决定。视觉、听觉、运动控制以及其他许多人类能力也都是如此。也许你认为需要意识来参与审美、创造活动或谈恋爱，但如果是这样的话，你必须证明这些事是由意识单独完成的，而不是由聪明大脑的机制完成的。

所有这些探讨会得出意识可能没什么用这一尴尬的结

论，而其他一些奇怪的事似乎也指向这一结论。例如，想想人们接住板球、打乒乓球或打断快速的交谈时的情形：所有这些快速的行动似乎都在有意识地进行，但是不是意识自己产生了这些行动呢？事实上，正如我们将要看到的那样，这些行动的发生都非常迅速，它们由似乎并没有参与意识体验的脑区所协调。

那么意识是不是完全没有作用呢？副现象论就是持这种观点的一个派别。它认为意识不起任何作用，只是一个副产品或伴随现象。这是一个很奇怪的观点，因为这实际上承认意识确实存在，但却不会对其他任何事物产生影响。但如果意识没有任何作用，那么很难解释我们到头来何以会担心它，甚至讨论它。

认为意识没有作用不仅只有副现象论这一种论点。另一种观点认为，所有像我们一样可以看、感觉、思考、恋爱并且欣赏美酒的造物最终无一例外地会相信自己拥有意识。他们也可能想象无意识躯体，并且认为意识有功用。这种理论的底线就是我们被欺骗了：我们觉得意识仿佛是一种力量或附加的能力，但我们错了。如果需要给这种理论起一个名字，我们不妨称之为错觉主义。

我认为这是思考意识的正确方式，但这同时也意味着我们有关意识的一般假设是大错特错了。我们真的错成这样吗？我们为什么会这样呢？也许我们应该更加仔细地审视其中一些假设及其可靠程度。

心灵剧院

最自然地思考意识的方式可能是这样：心灵像是一个私人剧院，“我”在剧院里面，大概在头部的某个位置，并通过眼睛观察外面世界。但这是一个多感觉通道的剧场，所以我感受到触摸、气味、声音和情感。我也可以动用我的想象力，凭空想象出图像和声音，就像投射在心理屏幕上一样，可以凭内眼看，让内耳听。所有这些都是“我的意识的内容”，“我”是感受这些内容的人的观众。

这个剧场的意象正好与意识的另一个常见意象吻合，即意识像一条流淌的河或溪流。在 19 世纪，“现代心理学之父”威廉·詹姆斯（William James, 1842—1910）创造了“意识流”这个词，感觉足够贴切。我们有意识的生命

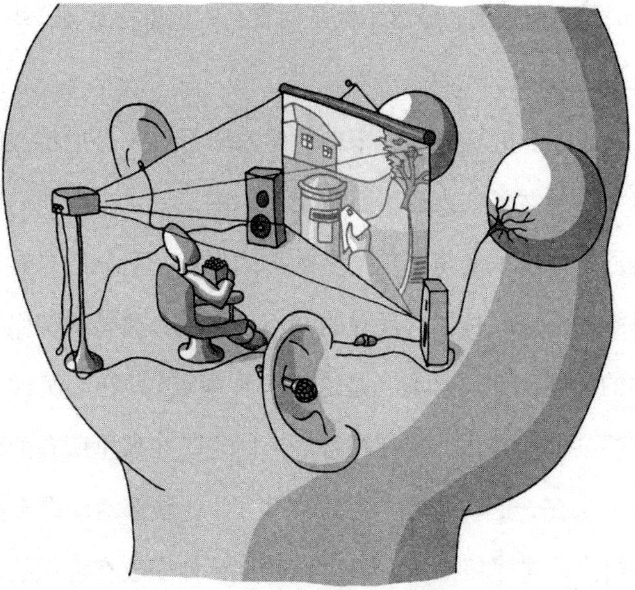

图 4 我感觉自己好像从大脑的某个地方向外看：我通过眼睛和耳朵体验外部世界，在我的脑海中想象事物，指挥我的胳膊和双腿上街去寄信。但大脑并不是这样工作的。这是丹尼特所谓的那并不存在的笛卡尔剧院。

的确感觉像一条不断流淌的溪水，其中充满了各种景象、声音、气味、触觉、思想、情感、忧虑和喜悦。所有这些，一个接着一个，不停地发生在我身上。

如此构想我们自己的内心世界是这么轻松、自然，几乎不值得质疑。然而当我们遇到智力上的困惑时，正如我们研究意识问题时所遇到的那样，质疑我们最基本的假设有时是有价值的，就这个例子而言，就是需要质疑这些太过天真的类比。

最强烈的质疑声音来自哲学家丹尼尔·丹尼特。他辩称，虽然多数人乐于否定笛卡尔的二元论，但他们还是通过他所说的笛卡尔剧院的形式保留了明显的二元论思维的痕迹。丹尼特反对的并不只是把心灵与剧院作类比的问题，他反对的乃是这样一种观点：即在心灵或大脑的某个地方，一定存在着一个时空，在那里所有的事情汇集在一起，于是“意识产生了”；脑部活动存在某种终点，过了终点线之后事物就神秘地变成有意识的了或“进入意识”。

这肯定是不对的，丹尼特声称。首先，大脑内部没有一个能与该观点相符的中心脑区，因为大脑是一个完全平行的处理系统，根本没有核心总部。信息进入各个感觉器官，因为不同的用途而被分配到各个地方。在所有这些活动中，并没有一个中心位置让“我”可以坐观各种事物穿过我的意识。没有哪个脑区可以标记思想或感知变成有意识的时刻。决策不是单独从某个脑区发出的。相反，大脑的许多不同脑区只是执行它的本职工作，必要时相互沟通，但并不存在中央控制系统。如果是这样，对应于意识剧院的是什么呢？

丹尼特补充道：从认为剧院确实存在转变到认为它是某种分布式加工过程或广泛的神经网络的努力也都是徒劳。基本原则并没有改变，所以仍然是错误的。根本不存在任何脑区或心理过程或任何别的东西可以与大脑活动的意识部分相对应，同时让其他部分都是无意识的。所有的输入都汇集在一起，呈现在“意识”中给人看或听，这种想法毫无道理。大脑里面也没有什么“小人”对他们所看到的作出反应。大脑不是这样组织的，如果是这样它就无法运转。不管怎样，我们必须理解自己这种拥有一系列体验、有意识的自我的感觉是如何在大脑中产生的，虽然大脑内没有内部剧院，没有表演，也没有观众。

丹尼特创造了“笛卡尔唯物主义者”这个新术语来形容那些声称拒绝二元论但仍相信笛卡尔剧院的科学家。需要注意的是，笛卡尔剧院和笛卡尔唯物主义这两个术语都是丹尼特而非笛卡尔提出的。世上没有几个科学家承认自己是笛卡尔唯物主义者，但正如我们即将看到的那样，绝大多数人都假定存在某种类似于意识流的东西，或者将心灵看成内部剧院。当然，他们可能是正确的。如果他们真的正确，那么意识科学的任务就是揭示那个比喻性的剧院与大脑的哪个部分相对应，它又是如何工作的。不过我倒是对此表示怀疑。只要对大脑的工作原理稍加探索就会帮助我们明白个中原因。

第二章

人类的大脑

意识的统一

人脑堪称已知宇宙中的最复杂之物。就所占身体的比重而言，人脑是所有物种中最大的，并且大得多。与和人类最接近的物种类人猿相比，人脑大约是类人猿大脑的3倍。人脑将近1.5公斤，由10多亿神经元（神经细胞）及数十亿的神经联结构成。这些联结产生出我们所具备的非凡能力：知觉、学习、记忆、推理、语言以及某种意义上的意识。

我们知道大脑与意识密切相关，因为脑部的变化能引起意识的改变。例如，一些药物在影响大脑功能的同时也会影响主观的体验；刺激脑部很小的部位能够产生一些特定的体验，如幻觉、生理感觉或情绪反应；而脑部受损能够极大地影响一个人的意识状态。虽然我们对上述事实都相当确定，但我们为什么应该拥有意识仍然是一个谜。

从某种意义上讲，大脑似乎并不是按照产生我们所拥有的意识所需要的方式设计的。大脑最独特的特征是它采用大规模并行分布式加工的设计。信息通过感觉器官传导进来，并用来控制言语、行动及其他输出。但大脑并无一个中央组织，也没有一个运行着关键信息的内部密室。大脑更像是一个庞大的网络——或者说是一个庞大的相互连接的网络集群，而不是拥有中央处理器的个人电脑。人脑中没有什么是集中控制的，不同的脑区处理视觉、听觉、言语、身体意象、运动控制、前瞻性策划以及无数的其他任务。这些脑区相互连接，但是这一连接并不是通过将所有信息输入一个中央处理器来实现的，而是由大脑各处数以百万计的横纵联结来实现。

相反，人类意识似乎是统一的。常常用三种不同的方式来描述“意识的统一”。天然地思考意识的方式是将其看成心灵剧院或体验流，它包含了所有三个方面。

首先，这意味着在任何一个特定的时刻都存在一个整合体，它涵盖了“我”正体验的一切。换句话说，有些事情出现在意识中，而其他许多东西却在意识之外。意识里的事就被称为“意识的内容”，并形成了当前的体验流或者心灵剧院舞台上的演出。第二，意识在时间上似乎也是统一的，因为从某一时刻到下一时刻、甚至跨越意识体验的整个历程中似乎都有一个连续体存在。第三，这些意识内容都由同一个“我”所体验。换言之，既存在单一的体验者又存在单一的体验流。

意识科学要想获得成功必须要解释意识的内容、意识的连续性以及有意识的自我这几个问题，同时也必须以并行和非中央集权加工的大脑为出发点来解释。我们稍后会回到自我这个问题上，这里我们先解释存在意识的内容这一看似天真的观点。

需要强调的一点是：人脑中发生的大部分事情好像都在意识之外，甚至无法被意识所理解。我们看到树木被风吹动，但我们并没有意识到视觉皮层中发生的所有快速的神经元电活动，正是这一活动让我们产生了知觉。我们坐在计算机旁有意识地回复电子邮件，但我们并没有意识到自己的手如何敲字或者那些词语从何而来。我们都有意识地争取赢得那场乒乓球比赛，却觉察不到快速的视觉－

运动控制过程，正是该过程让我们挥出致胜的一拍。

在上述例子中，每一个脑细胞以及数十亿计的神经联结都处于活动状态——一些放电快，一些放电慢，其速度取决于我们所做的事情。然而绝大部分活动永远不能进入意识流或我的心灵剧院，因此我们称之为无意识或潜意识，或将其归入边缘意识之列。

但是，这究竟是什么意思呢？问题在于这种区别意味着意识和无意识之间存在不可思议的差别。是否如二元论者所认为的那样，大脑的意识活动受一个超自然的灵魂或非物质的自我控制？大脑中是否存在一个产生意识的特殊部位？大脑里是不是有产生意识体验的特殊“意识神经元”？是否有特定的神经元连接方式能够产生意识？还是什么别的方式呢？我们将会看到，所有这些可能都有与之对应的理论，但它们都面临严峻的困难。

这个问题归根到底似乎变成——我们是要在熟悉的意识观（如心灵剧院或体验流）上继续努力，并试图让其能够发挥作用，还是一改所有的习惯思维方式而另起炉灶？在探讨一些将意识和大脑功能相关联的有趣研究时，我们有必要将这个问题铭记在心。

联觉

有的人能够听到形状、看见噪声或触摸声音。这种奇怪的意识整合是出人意料地普遍。许多小孩都有联觉，但联觉通常会随着年龄的增长而消失，到最后每 200 个成年人里会有 1 个成为联觉患者。联觉会遗传，在女性和左撇子中更常见。联觉患者通常具有很强的记忆力，但数学和空间能力较差。联觉尤常见于诗人、作家和艺术家当中。

联觉最常见的一种形式是将数字或字母看成是带有颜色的。这些体验不能被自觉抑制。即使许多年后再次测试，大多数联觉患者都会报告说同一刺激物还会使他们产生完全相同的形状或颜色体验。许多联觉患者都会隐藏自己的能力，因此很长一段时间以来心理学家都怀疑联觉患者是否真的存在。但最近的研究证实了联觉的普遍性和稳定性。

联觉患者大脑中跨感觉通道的神经联系可能比常人更多。拉玛钱德朗（Ramachandran）认为，因为数字和颜色的加工中枢相毗邻，这有可能是这种联觉形式为什么最为常见的原因。

意识的神经机制（NCCs）

人人都有疼痛的体验。疼痛令人恐惧。它让人痛苦，因此没有人喜欢它。但疼痛是什么呢？在研究意识的神经机制，即与主观体验相关联的大脑活动这个问题上，疼痛是一个绝佳的例子。

从主观上说，疼痛本质上是个人的一种体验。我们无法向其他人描述自己的痛苦；除了观察他们的行为，我们也无法知道别人的疼痛究竟有多厉害。即使看到了，我们也可能认为他们是在虚张声势，虽然我们永远不能肯定。当疼痛消失后，我们甚至记不起它曾经有多疼。实际上，人们常说，如果一个女人记得生第一个孩子时的痛苦，没有人会再要第二胎。归根结底，只有当我们正在受苦时才能真正知道什么是痛苦。

从客观角度说，疼痛在比如身体受伤时就会产生。受伤部位会发生各种化学变化，然后信号通过专门化的叫做C−纤维的神经元传导至脊髓，然后再传至脑干、丘脑、体感皮层（它包含着与身体各个部分相对应的中枢）以及扣带回皮层。脑部扫描显示，人们经受的痛苦程度与上述脑区的活动强度有很大的关系。换句话说，我们对疼痛的一些神经机制有所了解。

现在重要的是要记住："相关并不意味着因果关系"。正如这个简单的例子所显示的那样，我们很容易从相关性出发，作出错误的因果推论。假定弗雷迪（Freddie）有一个走进客厅就要打开电视的习惯。他几乎每次这样做的时候，辛普森一家很快就会走进来。当其他人走进客厅和按下电视开关时，则会发生完全不同的事。如果相关隐含着因果关系，我们就会断定弗雷迪的动作导致了辛普森一家的出现。在这个例子中，我们当然不会相信这样的结论。但我们却可能会在其他很多例子中误判误信。

我们要记住这样一个经验法则：如果 A 和 B 存在可靠的相关性，有 3 种可能的因果解释，即 A 导致 B、B 引起 A 或 A 和 B 均由其他事物引起。此外，A 和 B 事实上可能是相同的东西，即使它们看起来不一样（如同水和 H_2O，或晨星和昏星）。

那疼痛属于哪种情况呢？也许是身体上的变化**引起**了疼痛，这种情况下我们必须解决那个困难的问题。也许疼痛才是身体变化的原因，如果是这样，我们需要一个超自然的理论。也许是别的原因同时导致了疼痛和身体上的变化，如果是这样，那么我们就不知道这个别的原因是什么。或许疼痛和身体上的变化本身就是一回事。许多唯物论者都赞同最后一种解释，但如果这种说法正确，我们完全无法证明它为什么是正确的。我大脑里那可怕、难堪和讨厌的感觉怎么可能**是**由几个C－纤维的放电而产生的呢？

这个问题清楚地表明我们目前对意识是多么的无知，但我们不应该绝望。科学已经习惯于解决看似不可能解决的问题，在这个问题上也是如此。因此，让我们来看一个非常巧妙的实验，看设计者如何用它来探究意识（本例是视觉意识）的神经机制。

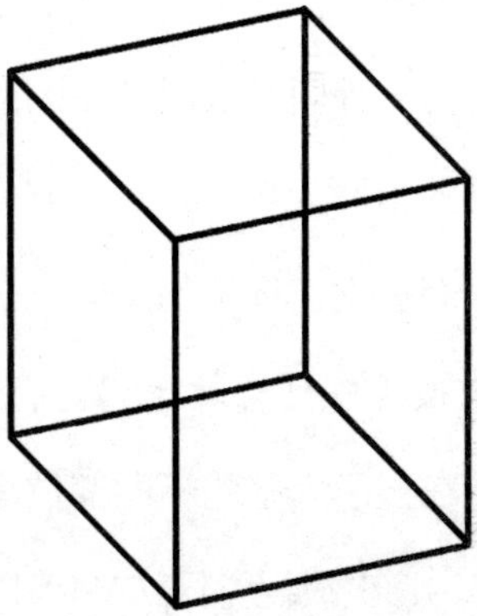

图5 这个两歧图形叫做内克尔立方体。如果你盯着它看一段时间，你会发现它摇摆于两种同样可能的解释之间，仿佛这两种见解都在争夺意识。但这是描述该现象的正确方式吗？

请看图5中的内克尔立方体。当你盯着它看时，立方体将在两种不同的图像中切换；你甚至可以有意控制它。感觉好像一个图像首先进入意识，接下来是另外一个，就像两种图像在争夺意识。

此类两歧图像为研究特定体验的神经机制提供了一个理想机会。例如，我们或许能够确定当体验发生切换时大脑的哪些部分发生了改变；这就可能意味着我们找到了感知进入意识的地方，或是找到了特殊的意识神经元，或视觉意识的中枢。

在 20 世纪 80 年代，希腊生物学家尼克斯・罗格西特斯（Nikos Logothetis）设计了一系列猴子实验来检验这种观点。他用的是另一种叫做双眼竞争的两歧图形，也就是给双眼呈现不同的画面。与内克尔立方体类似，本例中的两个画面也会争夺意识。猴子的反应显然跟我们一样，因为它们能够通过按压杠杆告诉我们它们当时看到的画面。然后罗格西特斯在猴子大脑的不同部位插入电极，包括初级视觉皮层（V1）、次级视觉区（V4）以及颞下皮层的部分脑区——视觉信息经过初步加工后传导的目的地。结果表明初级视觉皮层的神经元活动一直保持不变，但是当猴子的体验改变时，颞叶皮层的神经元活动发生了变化。最近，用大脑扫描技术对人进行的实验也得到同样的结果。

这是否意味着问题已经解决，并且我们已经找到了大脑中意识产生的地方？有些研究者似乎就持这样的观点。例如，邱玛斯认为意识就产生在这些脑区。美国神经心理学家 V.S. 拉玛钱德朗认为这些脑细胞承载感质，而其他脑细胞则没有。诺贝尔奖生理学奖获得者弗朗西斯·克里克（Francis Crick, 1916—2004）也得出类似结论：我们无法意识到初级感觉区的信息加工，只知道这些加工后的结果。

但根本问题依然存在。说一些神经运算“承载感质”，或者说意识“产生”在某个脑区，而不是别的脑区，这一切都意味着什么？我们对此全然不知。在我们找到相关的脑细胞后，我们一定还会问：怎么产生的？为什么是它们？其中有什么神奇的差别？为什么有些细胞能产生主观体验而另一些却不能？

了解这些过程的发生地点固然重要，但仅仅具有相关性并不能解开意识之谜。事实上，这些相关性只会更清楚地表明：意识仍旧是一个谜。

受损的心智

脑血管阻塞会导致中风，那么失去氧气供应的神经元就会受损。这经常会引起另一侧身体的瘫痪，或者一侧的失明及其他损伤。这很容易理解，因为左脑控制右侧身体；同时左脑也接受右侧视野的信息（也就是说，左脑并不控制右眼，但只是处理所见事物右半部分的信息）。但是右脑损伤有时会引发更为不可思议的后果：即单侧或半侧忽视。

在这种情况下，病人不只是失去了某些具体的能力，而是仿佛失去了一半的世界。这不仅仅是说当他们向右侧看时，他们看不到房间的右边，或画的右边，而是说他们似乎没有意识到还存在右侧的世界。这一点从他们的古怪行为中显露无遗。例如，除非有人把盘子转过来，他们可能只吃盘子右半边的食物，完全无视其余部分。他们可能只刮右脸，或只对站在右边的来访者作出反应。

意大利神经学家埃德瓦尔多·比西阿奇（Edoardo Bisiach）在这类病人身上做了一个独特的实验。他让病人想象米兰著名的大教堂广场。他们对这个广场都非常熟悉。首先，他们必须描述从北边到达大教堂时所看到的情形。他们都描述了位于其右边的事物：许多漂亮的建筑、商店和咖啡馆。如果他们真的站在那个位置，他们的报告

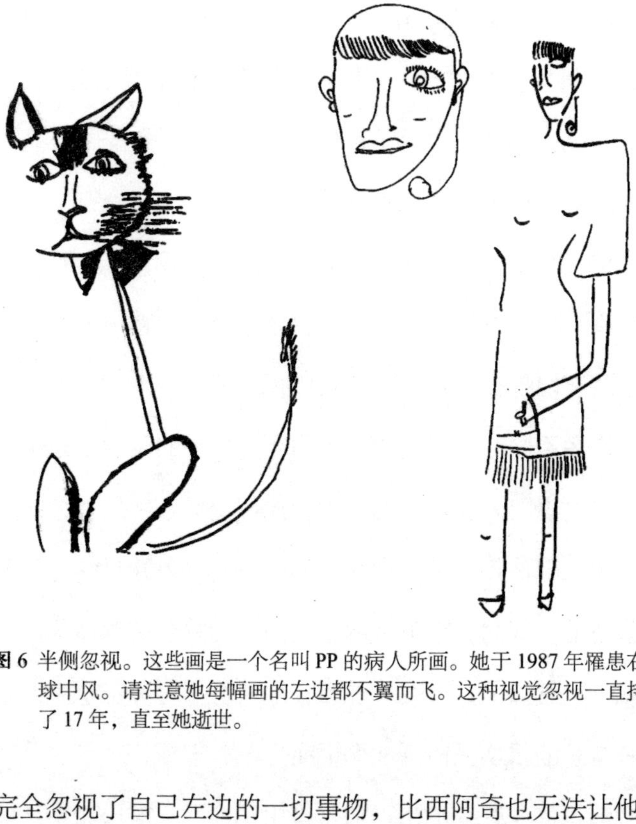

图 6 半侧忽视。这些画是一个名叫 PP 的病人所画。她于 1987 年罹患右半球中风。请注意她每幅画的左边都不翼而飞。这种视觉忽视一直持续了 17 年，直至她逝世。

完全忽视了自己左边的一切事物，比西阿奇也无法让他们告诉自己那里有什么。但接下来，比西阿奇让他们想象从南面进入广场。这回所有被遗忘的建筑都被仔细地描述出来，而先前记住的建筑则被遗忘了。

这究竟是怎么回事？人的体验竟然如此支离破碎，这实在让人难以接受。我们喜欢这样想：如果我们中风了，我们一定能认识到自己的愚蠢错误，并将所见到的两部分景色合二为一。但显而易见，这种事不会发生。对这些病人来说，世界的一半已经消失，没有一个更高层次的有意识的自我来克服这个问题。

记忆也是一个容易被我们视作当然而常常忽视的东西，直到我们意识到失去它的后果才会明白其重要性。记忆主要有两种类型：短时记忆和长时记忆。但这种划分会掩盖许多不同的、与具体任务和能力相关的微妙的记忆形式。这对老年人非常重要，因为他们记忆事件的能力在逐渐退化，但他们仍可以认路、处理日常事务并且学习新的运动技能。同时，小范围的脑损伤会影响非常具体的记忆形式。尽管如此，最引人注目，同时对于思考意识来说也最有意思的损伤是前行性失忆症。

前行性失忆症的出现通常是由于海马（脑边缘系统的一部分）遭到损坏。这种损伤可能是由于酒精中毒导致的科尔萨科夫综合征或由外科手术或疾病引起，也可能是某些意外事故造成大脑缺氧的结果。但其后果都是病人的短期记忆能力和已有的长期记忆能力保持完好，但失去了形成新的长期记忆的能力。所以他们之后的生活就成了不断滚动的现在，只持续几秒钟，然后消失成空白。

H.M. 是迄今研究过的最著名的失忆症案例之一。他曾在 1956 年被摘除了大脑两侧的海马——这是为了控制他严重的癫痫发作所做的最后尝试。这个手术留下了严重的失忆症：他可以学习一些新技能，并且提高了在辨认某些刺激物上的反应速度，但他始终否认自己曾经做过那些任务。C.W. 是一个音乐家，因为脑炎而失去了记忆。病愈后，他仍然可以欣赏音乐、即兴演奏，甚至指挥合唱团，但他记不得排练或病后发生的任何事情。

神经学家奥利佛・萨克斯（Oliver Sacks）描述他当年治疗吉米・G.（Jimmie G.）的经历。吉米患有科尔萨科夫综合征，他虽然已有 49 岁，但依然相信自己才 19 岁，刚刚从海军退役。出于好奇，萨克斯让吉米看了一眼他在镜子中的样子，但他很快就为自己的做法感到后悔，因为当吉米看到镜子中的自己满头花白时，他变得疑惑、恐惧和狂乱。萨克斯于是马上把他带到窗前向外看，他看到一些小孩在玩耍，这时吉米的恐惧消失了，他开始微笑。萨克斯接着偷偷地溜掉了。当他再次回来时，吉米像从来没有见过他一样跟他打招呼。

变得如此健忘会有什么样的体验呢？H.M. 和 C.W. 有充分的意识吗？他们的意识是否与众不同？还是别的怎么回事？如果我们能觉察意识、测量它，甚至恰当地予以定义，那么我们也许可以找到明确的答案。但我们所能做的只是观察病人的言行。根据观察，他们显然具有某种意义上的意识：他们清醒、警觉，对世界充满兴趣，能够描述自己的感受。但从其他方面来说，他们的体验一定有很大的差异。

在 C.W. 的日记中，他不断重复同样的句子：“我刚刚第一次拥有了意识”。其他人则一遍又一遍大叫：“我刚刚醒来”。也许大家都熟悉那种突然变得十分清醒的生动体验，仿佛我们之前一直都在做梦或深陷于沉思之中。这种被唤醒的感觉可能由我们周围的美景所引起，也可能是由不经意说出的一个词或发表的评论所引起，甚至是由问自己这样一个问题：“我现在有意识吗？”所引起。但无论原因是什么，这都是一个奇怪而特殊的时刻。但想象一下过这样一种生活：你时刻保持清醒，但什么都记不住。

上述例子能够引发我们对意识的连续性的思索。虽然遗忘病患者可以和常人一样把当前作为一个统一的意识流来体验，甚至会感觉到自己的体验是连续的，从一个时刻延伸到下一时刻，但他们无法体会昨天变成今天，也不能规划建立在过去基础之上的未来。如果你相信存在任何形式的内在自我、灵魂或精神，面对这些事实你会觉得非常尴尬。是否在某处有一个真的自我，它能够记忆一切，只是无法将之传递到受损的大脑？灵魂或自我也会随着大脑的物理损伤而受到伤害吗？更可能的情况是，我们对这种持续的有意识自我的感觉从某种程度上说是功能完好的大脑的产物，但这究竟是如何产生的呢？

这些例子可以帮助我们思考大脑功能如何与体验产生关联。还有一些更不可思议的脑损伤病例对统一意识的观点提出了严峻挑战。

视而不见

D.F. 患有视觉物体识别障碍。尽管她的初级视觉能力和颜色视觉正常，但她不能靠视觉识别物体的样式或形状，叫不出简单的线条图的名字，也不认识字母和数字。但她能够非常准确地取用日常用品，虽然她说不出它们叫什么。

在一个有趣的实验中，研究人员让 D.F. 看一排狭槽（像信箱上的那种槽），并让她画出槽的方向，或根据槽的方向来调整线条的角度。她根本完不成这项任务。但如果给她一张卡片，她可以快速调整好方向，并把卡片投进槽里。

乍看上去，D.F. 似乎能够看见（因为她可以邮寄卡片），但缺乏看见的**真实体验**。这好像意味着视觉可以和意识相分离，仿佛 D.F. 是一个有视觉的无意识躯体。这个结论基于我们对视觉和意识的天然想法，但研究表明，这个结论是错误的。

思考视觉的最自然方式大概是这样的：大脑加工从眼睛进来的信息，因此我们有意识地看到一幅世界的图画，并以此指导我们的行动。换句话说，我们必须有意识地看到某物后才能据此行动。但事实证明大脑根本不是按这种方式组织的，如果真是这样，我们可能就无法生存。事实上，人脑（至少）存在两种截然不同的视觉通路，它们执行着不同的功能。

腹侧通路从初级视觉皮层传导至颞叶皮层，参与形成对世界的准确感知，但这个过程需要一些时间。所以与此同时，背侧通路传导至顶叶皮层，协调快速的视觉－运动控制。这意味着早在你看清球和障碍物之前你就能做出一些在视觉系统指导下的快速行动，例如回球、接住球以及跳起躲避障碍等。从这个意义上讲，D.F. 的例子是符合道理的。准确地说，它并不是视觉和意识的分离，而是行动与知觉的分离。她丧失了大部分负责物体识别的腹侧通路，但保留了准确执行视觉－运动控制所需的背侧通路。

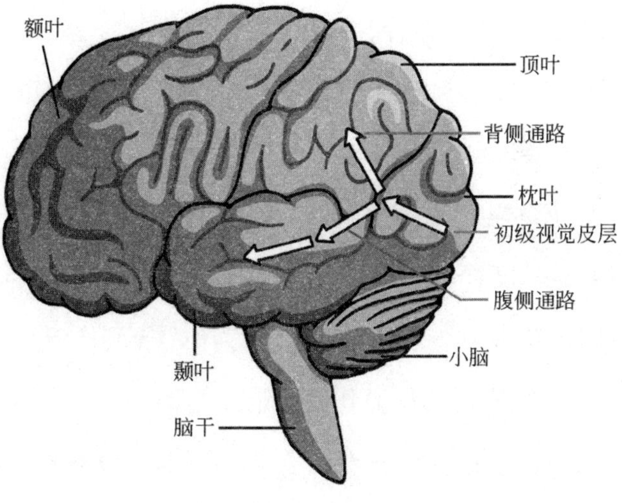

图 7 双视觉通路。腹侧通路负责感知而背侧通路负责快速的视觉－运动控制。

这一点得到了其他许多实验的证实。因此，我们对视觉自然产生的想法肯定有误。

在20世纪70年代，牛津大学神经心理学家劳伦斯·维斯克朗兹（Lawrence Weiskrantz）作出了一个更不寻常的发现。他那时在治疗一位名叫D.B.的病人。这个病人的初级视觉皮层，即V1受到了损害。由于该区域的细胞和外部世界存在对应关系，所以该区域受损就会形成一个盲区或盲点。也就是说，当他平视前方时，有一部分区域他什么也看不到。这在日常生活中不会造成多大的麻烦，因为你总是可以转动眼球。但在实验中这一点很容易得到证明。如果你把一个物品或一张图片放在人们的盲区，他们会说自己看不到那样东西。

这个奇怪的发现是这样的：维斯克朗兹让D.B.从各个不同的角度看一些条纹，并问他那些条纹是水平的还是垂直的。D.B.自然说他不知道，因为他看不到任何条纹。但维斯克朗兹让他猜。D.B.还是坚持说自己看不到那个区域，但他作出了猜测——他的答案的正确率接近90%。换句话说，虽然他自称看不见，但数据表明他能够看见。维斯克朗兹把这种自相矛盾的情况称为“盲视”。

人们后来在其他盲视病人身上做的许多实验都得到了类似结果。他们虽然都否认自己能有意识地看见事物，但有的人能够把眼睛转向物体，指出物体的位置，或者模仿盲区里亮点或物体的运动；其他一些人能对刺激物作出瞳孔放大和其他情绪反应；还有几个人能够正确地猜出刺激物的颜色，虽然他们说自己“看不见”。

乍看上去，盲视为意识的各种理论提供了无可争辩的

图 8 盲视患者虽然声称自己看不见刺激物，但是可以猜对。

证据。他们或许会这样论证：盲视患者拥有客观的视觉但缺乏主观意识；他部分是一个无意识躯体，在没有看的感质的情况下却能看见；这就证明意识是一种额外的附加能力，独立于视觉的客观功能；它证明了感质的存在，也证明功能主义和唯物主义都是错的。

但事情远非如此简单。最可能的解释是：人脑中存在大约 10 条独立的、并行的神经通路可以把视觉信息传导至大脑。大约 85% 的细胞沿着主要的通路到达初级视觉皮层，但是其余的细胞可能经由其他次要通路到达其他皮层和皮层下区域。这些次要通路不会受到 V1 损伤的影响（V1 受损引起盲视）。因此，盲视患者具有的这种奇怪能力可能是由于这些次要通路的存在。举个例子来说，假设控制眼球运动的通路完好无损，那么病人转动眼睛来跟踪盲区里的物体就不足为奇。他甚至能够感觉到自己的眼球在转动，因此能够猜到那里有一个物体。但如果失去了 V1，他不可能认出物体或者识别其形状、大小或其他特征。从这个意义上讲，他真的是失明了。

如果这个解释正确，那么盲视仍然不失为一个非常有趣的现象，但它并不能证明意识是独立于视觉过程的。如果说盲视告诉了我们一些有关意识的信息，那么这些信息就是：我们普遍认为存在单一的、中央的视觉体验的想法恐怕是完全错误的。同以往一样，视觉体验如何进入意识这个问题还远未得到解释。

第三章

时间与空间

体验的时间进程

意识会滞后于现实世界所发生的事件吗？这个稀奇古怪的问题起源于神经科学家本杰明·利贝特（Benjamin Libet）在20世纪60年代开始的研究。他的发现催生出“利贝特延误”或“滞后半秒”理论；同时，他的发现对自由意志和责任的研究也有重要意义，这一点我们将在第六章看到。

利贝特最早在病人的大脑上进行实验。为进行必要的外科手术，这些病人的头皮已经被揭开。同时，他们也许可利贝特用电极刺激他们的大脑皮层。人们早就知道大脑中有一个体感皮层区，其中有中枢和身体各个部分相对应。刺激体感皮层的任何部分都会产生知觉，仿佛身体相应部分被触摸了一样。如果刺激运动皮层，身体的某个部位就会动；如果刺激视觉皮层，我们就会看到事物；如此等等。

采用一系列持续数毫秒（1 毫秒为千分之一秒）到几秒不等的电刺激，利贝特发现：在一系列短电脉冲刺激下，病人毫无感觉；但在较长的脉冲刺激下，他们会报告自己感到手臂好像被摸了一下。利贝特的研究表明电刺激需要持续半秒才能让病人报告“我感觉到了”。这似乎表明：有意识的体验在刺激开始足足半秒后才产生。

很多采用意识感觉阻断或掩蔽技术的实验都证实了这一奇怪的发现。当时人们已经知道，在触摸手臂后刺激体感皮层可以阻止个体感觉到这一触摸。于是利贝特改变触摸和电刺激之间的时间间隔。如果在触摸半秒后刺激大脑，病人仍然感受得到被触摸的感觉；但如果电刺激在触摸半秒钟以内，这种被触摸的感觉就被埋没了，仿佛从未发生过。

最显而易见却未必正确的解释是：神经活动必须持续半秒以上才能产生意识。利贝特把它称为“意识的神经充分性”。这种解释非常奇怪。它意味着意识必须远远滞后于真实世界里发生的事件，因此在对这个瞬息万变的世界作出反应方面意识也就毫无用处。这里非常重要的一点是要从大脑的角度来认识半秒是一个什么概念。触摸手臂的信号在几十毫秒内就可以传导到脑部，听觉刺激传导的速度则更快。对光亮的正常反应时间为200毫秒，这其中涉及到大量检测光亮并协调反应的神经元的激活。因此，意识在整个进程中如此晚才产生似乎有些不可思议，但这就是利贝特的结果似乎要证明的。

如果事实果真如此，我们为什么意识不到这个延迟？利贝特本人用“事后推定”或“主观预期”现象来解释个中原因。他认为意识的产生确实需要大脑皮层的活动持续半秒以上。我们没有意识到这个延迟是因为一旦神经充分性达到后，我们会把事件的时间往前推。这是有可能的，因为当刺激（比如光亮一闪或者快速的触摸）产生时，大脑会立即产生一个叫做诱发电位的及时效应。根据利贝特的理论，在我们有意识地感受到了手臂被触摸时，体感皮层的活动一直在增强，直到达到神经充分性。一旦达到充分性，那么触摸发生的表面时间就被提前到诱发电位产生的时刻。否则，我们什么也感觉不到。正是这个原因，我们感觉不到意识的任何延迟。

医学上的进步使得再做那种侵入性手术变得毫无必要，利贝特的实验因此也不可能再重复了。不过，那些实验结果通常都为该领域的大多数研究者所认可，但他们还未对实验结果的正确解释达成一致。利贝特本人是反唯物论阵营中的一员，他们相信这些结果对心脑等同的观点提出了挑战。像科学哲学家卡尔·波普尔爵士（Sir Karl Popper，1902—1994）、神经生理学家约翰·埃克尔斯爵士（Sir John Eccles，1903—1997）这样的二元论者则以该结果作为非物质的精神力存在的证据。数学家罗杰·彭罗斯爵士（Sir Roger Penrose）则声称这些结果需要用量子理论来解释。

丘奇兰德和丹尼特对此完全不赞同。他们认为，这些结果只是表面上拥有这些奇怪的意义，因为人们不愿放弃自己对意识的错误想法，还深陷在笛卡尔剧院的观念中。这些错误想法让意识这个问题变得似乎无法解决，但事实本不该如此。

有必要对这一反对意见略作进一步的探讨。关于半秒延迟的天然想法大概是这样：触摸手臂（或其他任何刺激）诱发的神经信号从胳膊传导到脑部，然后在大脑相关脑区进行加工，直到最终进入意识。与此同时，人感觉到了触摸。这种看法认为存在两种不同现象，它们拥有各自的时间进程。首先有一些客观事件，其物理时间可以用仪器测量，比如电刺激的时间或某个特定的脑细胞放电的时间；其次，存在一些主观体验，它们有自己的时间进程，比如触摸感觉产生的时间或触摸进入意识的时间。

这个描述看似相当合理，无懈可击。你可能对此完全信服，认为它必对无疑。但是我们需要注意它带给我们的所有麻烦。如果你接受这个看似显而易见的思考大脑的方法，那么你不是局限于物质活动在大脑某个地方对应着精神活动的想法中，就是认为在某个时间无意识过程会神奇地变成有意识的过程，即无意识过程“变为意识”或“进入意识”的时间。但这究竟是什么意思？如果你这么想，你马上就遇到那个“困难的问题”和看似无法解决的意识之谜。

推进这个问题的一种方法是坚持这种天然的意识观，并试着解决问题，也就是要解释无意识过程如何变成了有意识的过程。这种方法产生了量子理论、各种形式的二元论以及我们已知的大部分有关意识的科学理论。利贝特本人的观点是：当一群脑细胞的物理活动持续足够长的时间时，该物理活动在某个时刻就从无意识变成了意识，但他并没有解释怎么变或者为什么会变，因此这依然是一个谜。

另一种更为激进的观点是摒弃意识体验可以被测时的假设。要放弃这种对意识的天然想法极其困难，但还有其他一些奇怪的例子会使这种可能性更具吸引力。

钟表和兔子

想象你正坐着看书。正当你翻页的时候，你意识到钟在报时。之前你并没有意识到钟在报时，但此刻这个声音突然进入了你的意识。在这一刻，你能记得之前你没有刻意听的声音，也可以数你之前没有听到的钟声的次数。钟声已经响起了 3 次，你继续听下去，然后你发现已经是 6 点了。

这是一个很有说服力的例子，因为你可以核实你数得完全正确。类似的事情在存在背景噪声的环境下一直在发生。你可能会突然意识到外边马路上钻孔的声音。这一刻之前你毫无察觉，但现在你似乎能够记起在你觉察到噪声之前那声音听起来像什么样子。仿佛有一个人（如果不是你）一直在听。这些体验大家都再熟悉不过，以至于我们通常都会忽视它们，但它们真的值得我们更仔细地思考一下。

以时钟为例，如果对意识的一般看法是正确的，那么我们应该可以指出哪些体验在剧院中或意识流中，而哪些不在。那么钟发出的前 3 声“哨”声该在哪里呢？如果你认为它们一直在流（即意识）之中，那么你无法解释为什么你非常肯定它们是在后来才意识到的；另一方面，如果你认为它们是在流之外（即无意识的），那么你必须解释当你意识到它们时发生了什么。是否像利贝特所认为的那样，直到第 4 声时才是有意识的，然后再从主观上向前回溯？或者对它们的记忆一直停留在无意识状态，直到你的注意转换时才进入到意识中？除了难以解释转换的意义以外，这也让我们的流变得非常奇怪，因为现在它似乎成了一种混合物，包含了我们一直都意识到的东西以及那些向前追溯时才加进来的东西。

其他许多例子也同样表明了这个特性。在一个满是人说话的嘈杂房间里，你可能会忽然转移你的注意，因为背后有人在说："你猜杰里米昨晚说了些什么关于苏的事……她……"。你竖起了耳朵。此时，你似乎已经知道说出的这一整句话。但果真如此吗？事实上，如果不是因为提到了你的名字，你永远不会听到这句话。那么这句话是在流之中还是流之外？

事实上，这个问题在任何言语中都存在。你需要在积累大量连续的信息之后才能理解句子的开头。所有这一切发生时意识流里有什么？它仅仅是无意义的噪声还是难以理解的天书？它是否在中途从难解的天书变成了词语？但你的感觉不是这样：你感觉到人们在说那句话时，你在听并且听到了一句有意义的话，但这是不可能的。听一个词、或听知更鸟唱歌也是一样。只有当一曲唱完或整个词都说出之后，你才知道你听到的是什么。但在这一刻之前，你的意识流中有什么呢？

有一个叫做"皮肤兔子"的独创性实验最能够清楚地阐明这个问题。为了获得这种效果，需要一个人伸出胳膊，眼睛看着另一边，与此同时，实验者轻敲他的胳膊。原实验使用的是一台机器来控制敲打，但让经过仔细训练的人用尖的铅笔来敲也可以得到同样的效果。实验的要点是要采用完全相等的时间间隔和力量，在手腕敲 5 下，肘部附近敲 3 下，然后在靠近肩膀处敲 2 下。

这个人会感觉到什么呢？令人奇怪的是，他只感觉到一连串轻敲迅速地从手腕传到肩膀，而不是 3 种不同的脉冲，就好像有一只小兔子从手腕一路蹦跳上去。“皮肤兔

图 9 皮肤兔子。实验者在手腕迅速敲 5 下，肘部敲 3 下，然后在上臂敲 2 下，但产生的感觉却像是有一只小动物从手腕往上跑。如果还没有开始敲击肘部，大脑怎么知道把 2 至 4 下敲打归于什么位置？最初的感觉是不是被覆盖了，进入意识的时间被延迟？或是别的什么原因？

子”因此得名。

这个效应很奇怪，让人忍俊不禁，但它引出的问题却是很严肃的。当肘部的敲打还没有完成时，大脑怎么知道把第 2、第 3、第 4 次敲打归于什么地方？如果你坚持自然的观点，即认为任何一次敲打（比如说第 4 次）不是已经被意识到，就是在无意识中（在或不在流之中），你就会遇上大麻烦。例如，你可能需要说个体在正确的位置（即手腕处）意识到了第 3 次敲打，但稍后在第 6 次敲打完成后，先前的记忆消失，取而代之的是有意识的体验，即敲打发生在腕肘之间。如果你不喜欢这个解释，你可能更愿意说意识停顿了一段时间，等所有的敲打进来才决定敲打发生的地方。在这种情况下，在第 6 次敲打完成之前第 4 次敲打一直处于无意识状态，然后第 4 次敲打从时间上回推，以便被放在意识流的正确位置。

我们似乎要再一次面对不愉快的选择：要么解决这些问题，要么放弃意识体验的流的自然观念。最后一个例子或许能揭示意识流的更多问题。

无意识驾驶

什么是注意？1890年，威廉·詹姆斯作出了一个有名的论断：“人人都知道什么是注意”。但在经过许多场争论和成千上万次的实验之后，似乎没有人知道什么是注意，甚至可能没有一个单一的过程可以研究。意识的很多方面乍一看似乎都非常简单，也容易理解，但你思考得越多你就会发现它们越是奇特，注意就是这其中的一个方面。

思考注意最自然的方式是把它看成探照灯。我们可以用它照亮一些事物，把其他事物留在黑暗中。有时这个“探照灯”会违背我们的意志，被巨大的声响或某个喊我们的名字的人所夺走；但其他时候“探照灯”则服从我们的指导，如现在愿意停下来想一想我们正读的这本书，然后再去窗户边向外看一两分钟。指引注意的这个能力不仅是我们所看重的，而且似乎也是由我们的意识完成的。这**看似**我能有意识地决定注意的对象，但我真的可以吗？

如果我们想一想大脑内部发生的事情，这个自然的想法就会变得更加难以理解。大脑内有无数同时并行发生的过程，包括协调知觉和思维以及控制我们的行为。也许思考注意最好的方式是将其看成分配大脑加工资源的一个系统或系统集。所以当我专注于对话时，有更多的加工资源分配给大脑负责听觉和语言的部分，而给视觉和触觉的资源则较少。当我在关注一场比赛时，更多的资源就分配给了视觉，等等。

现在我们可能会问“究竟是什么在指挥资源的分配？”心理学家做了成千上万个实验来研究不同的刺激物如何指引注意，如何分配注意以及发生这一切时，大脑哪些部分处于活动状态。但意识究竟在哪里起作用

图 10 注意“探照灯”。我们是否像导演一样，有意识地决定把我们的注意一会儿指向这儿，一会儿指向那儿？

呢？从大脑的角度看，什么能够对应于我在大脑中有意识地指挥演出这种强烈的感觉呢？这只是说明意识与注意的关系并不明显的一个原因，其他原因还有很多。尽管我们在理解注意的问题上取得了长足的进步，但目前还没有一个普遍接受的理论能够把注意和意识联系起来。有些理论家把意识等同于注意，其他人则声称它们是完全不同的现象。有人认为没有注意意识就不存在，但其他人却并不赞同。

无意识驾驶的现象生动地说明了这个问题。任何一个驾驶技术高超、娴熟的人大概都有这种奇特的经验。你沿着一条熟悉的道路去单位、学校或朋友家。你一边开车一边开始想别的事，不一会儿你就到了。你知道你一定是开车过来的，但你一点儿都不记得开车的事，就好像你对开车的过程完全无意识，即使你当时非常清醒。

这是怎么回事？其中一个可能的解释是你关注的只是自己的白日梦而不是开车。但如果把注意看成一种加工资源，那么这就是不正确的。开车并不是一件简单的事，必须要分配许多加工资源给它。在整个路途中，你可能会碰到好几个红灯，你需要停下来等红灯变绿时再起步；你会通过交叉路口，与前车保持安全距离；遇到上下坡和弯道时需调节车速，看到限速牌时要放慢速度，并向在你从路边并入行车道时给你让路的司机挥手致谢。这些任务都需要娴熟的技巧；它们需要在视觉、听觉、运动控制、作决策以及更多方面进行复杂的协调。因此，这里的重点是：你的大脑不是没有注意这个任务，而是它能够自动完成这项任务，只是你没有意识到。看起来就好像所有的事情都在你不存在的情况下发生着。

这如何解释呢？引入寻常的剧院或流的比喻来描述这个差异看起来最轻松自然不过。在有意识的情况下，所有那些变化的交通灯、斜坡、弯道以及其他车辆都出现在我们的心灵剧院中，并在我们的意识流中得到体验；在无意识的情况下，白日梦取代了表演，交通灯、弯道和汽车从来都没能进入意识流。

只有当我们试图将该想法与大脑活动相联系时，这个问题似乎才会出现。让我们考虑开车过程的一个小小的方面，如观察到信号灯变红并停车时所涉及到的大脑加工过程。不论是否意识到，在视觉皮层、在负责计划功能的额叶皮层和在协调手脚动作的运动皮层一定进行过很多的加工过程。在两种情况下，你都成功地停下了车。但在一种情况下你意识到了这一活动，在另一种情况下你却并没有意识到。区别何在？

我们已经知道大脑中并没有一个可供自我观看演出的中央屏幕，也没有一个产生意识信息的中央处理器，但其中必然有某种重要的差异。是什么差异呢？这是任何一个讲得通的意识理论都必须解释的问题。现在是时候考察一些最流行的理论并了解它们如何看待这个神奇的差异了。

意识的理论

我收到过很多人的信和电子邮件，他们都自称已经解决意识之谜并愿意告诉我他们的理论。其中绝大多数可以分为两类: 一类是主张独立的心思、灵魂或精神的二元论观点；另一类则是引用现代物理学的伟大发现。

二元论（身心分离的观点）总是很具诱惑力，因为它与我们对意识的感觉是那么契合。但只有极少数哲学家或科学家相信二元论是对的。当代几乎仅有的例子就是波普尔与埃克尔斯在 70 年代提出的互动二元论。他们认为存在一个非物质的、自知的精神，独立于无意识的物质的大脑。这种精神能够通过在数十亿计的突触（神经元之间的结合点）上发生的准确地平衡过的交互作用来影响物质的大脑。波普尔与埃克尔斯可以很容易地解释无意识驾驶，他们认为非物质的精神只与负责白日梦的那部分大脑相关，而与负责视觉和驾驶的脑区无关。但与其他类型的二元论一样，该理论没有解释主观体验从何而来（主观体验只是被假设成自知的精神的一个特性），也没有说明互动的机制。

我见过的所有用二元论来解释意识的尝试都面临类似的问题。独立的心灵被创造出来以完成获取意识的工作，但始终还没有一个令人满意的解释来说明它是如何与世界或大脑交互作用的，除非用魔力来解释。

建构在近代物理学基础之上的理论则另辟蹊径。一些人把量子物理学中出现的非局域性及特殊的时间行为与意识领域的类似效应相类比。其他人借用了这样一个有争议的观点，即需要一个有意识的观察者来解释量子力学中的波函数坍塌。但最有名的理论是基于微管的量子计算。麻醉师司徒华・汉莫洛夫（Stuart Hameroff）和数学家罗杰·潘洛斯爵士（Sir Roger Penrose）认为在每个脑细胞中发现的细小的微管并不是像大家所认为的那样结构简单，微管的设计是为了实现量子相干和全脑范围的量子联系。他们认为这解释了意识的统一性和自由意志的可能性以及利贝特发现的奇特的时间效应。这里真正的困难在于主观性。即使大脑确实出现了量子计算（这一点还极具争议），这还不能解释个人的主观体验是如何产生的。许多人作结说意识的量子理论只不过是用一个谜替代另一个谜罢了。

我接下来要讨论的理论都是基于传统哲学与神经科学，如哲学的“高阶思维”（HOT）理论。这些理论都表明，只有当人同时也拥有高阶思维并达到能意识到它的程度时，感觉和思维才是有意识的。例如，只有司机有见到红灯的高阶思维相伴时，他才能意识到自己看见了红灯。高阶思维理论不用引入任何特殊的意识神经元就可以解释这个神奇的差别。有意识的思考指的是那些存在着与之相关联的高阶思维的思考。因为高阶思维的建立需要时间，所以这也能轻而易举地解释那些奇怪的时间效应。但高阶思维理论否认动物拥有意识，因为它们不具备高阶思维。

高阶思维理论也难以解释深度冥想之类的状态，因为这时人们声称自己拥有清醒的意识，只是没有任何思想。如果要用高阶思维理论解释无意识驾驶现象，那么我们只有假设那名司机一直在想“我在做白日梦”。

更牢固地植根于心理学和神经科学的理论是全局工作空间理论。这一理论首先由心理学家伯纳德·巴尔斯（Bernard Baars）在20世纪80年代提出。该理论源于大脑是按功能组织起来的全局工作空间的观念。在这个空间中，一次只有少数项目能够得到加工。同时该理论也非常依赖心灵剧院这个比喻。在任何时刻，意识中这极少的几个项目都相当于处于舞台中心由注意的探照灯照亮的事物，亮点周围还环绕着意识程度较低的边缘区。在舞台之外则是无意识的观众坐在黑暗中，里面充满了无数能够影响舞台上的演出的无意识的背景系统。

根据这个理论，让一件事变得有意识需要在全局工作空间里对其进行加工并能够传播到其余的（无意识）系统。因此，当你有意识地驾驶时，有关红灯和其他汽车的信息在全局工作空间里得到加工，并传播到大脑其他区域，使其可以影响其他行为，如言语和记忆等。一旦你的工作空

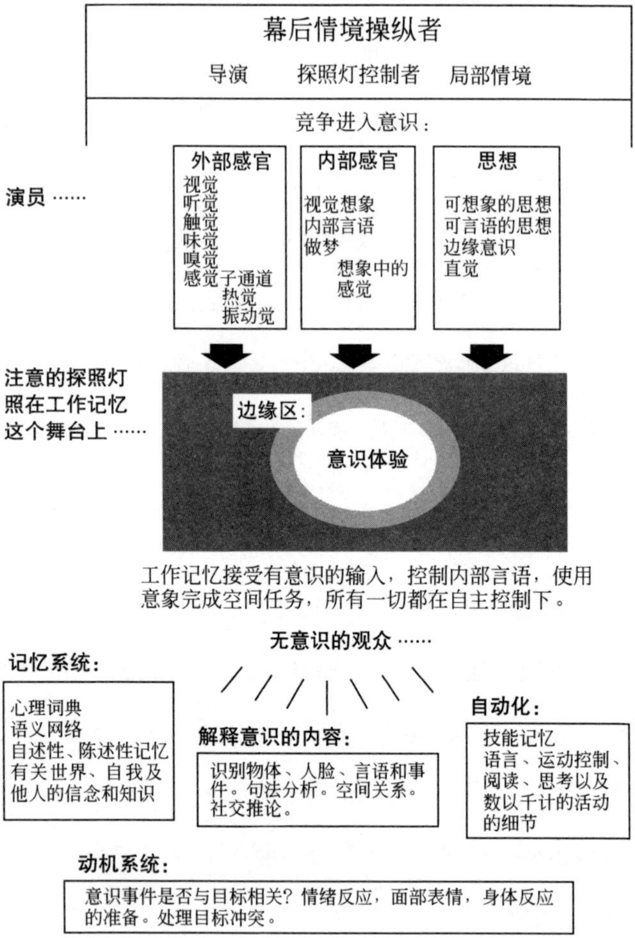

图 11 全局工作空间理论。依据巴尔斯的理论，意识的内容就是一个全局工作空间的内容，对应于心灵剧院中被照亮的舞台。

间被白日梦所填满，红灯和汽车则被发派到边缘区，甚至是黑暗里，并且不会被传播。

全局工作空间理论的优势在于它清楚地描述了哪些事件应该被意识到，即那些存在于工作空间里并且可以被全局取用的事件。该理论遇到的困难在于无法解释为什么被传播的信息或无意识观众可全局取用的信息因此就成为有意识的了（即有所体验），而其他信息则不能。事实上，主观性这个核心问题仍然是一如既往地神秘。

这一点对于当前的多数理论来说都是如此。例如，神经生物学家杰拉尔德·埃德尔曼（Gerald Edelman）和朱利欧·托诺尼（Giulio Tononi）提出，当巨大的神经群在脑中形成动态核时，意识就产生了。这个动态核中包含了丘脑和皮质之间的往返神经联系。药理学家苏珊·格林菲尔德（Susan Greenfield）认为意识不是一个全或无的现象，它随着神经集结或相互连结并协作的大群神经元的数量的增大而增多。这一看法也许是对的，但这些理论都不能解释为什么神经网络（无论有多大或者组织得有多恰当）能够首先产生主观体验。

这些理论可能最终解释这一点。同时，试图提出可能与意识相关的神经结构，并努力揭示其工作原理，这是一个十分有效的策略。埃德尔曼和托诺尼就在朝此方向努力，他们试图发现神经元群的特性与意识的特征之间的联系。沿着这个方向，这个策略最终可能会有所收获。但到目前为止，我认为还没有哪个理论能够解开主观体验这个根本的谜。所有这些理论都接受这样一个基本前提：任何时候都有一小部分事物在心灵剧院或者意识流之中，而其余事物则不在，但它们不能说明为什么任何一种客观的大脑活动都可以产生一系列有意识的体验。

另一种全然不同的办法是放弃解释意识剧院的努力，这不是说要变成一个神秘论者，也不是说卑微的人类永远不能揭开这个巨大的谜团。相反，这是要说心灵剧院的存在只是一个幻觉。正如我们所看到的，丹尼特声称笛卡尔剧院并不存在。在他数易其稿的理论里，他甚至走得更远，完全抛弃了心灵像一个剧院的观念，甚至也完全否认有些事情存在于我们的意识中而有些则没有的想法。在丹尼特看来，大脑一直都在并行处理来自世界的各种信息，而且没有一个信息是意识之中或者之外的。当用某种方式探测该系统时——比如问他们意识到什么，或者让他们对某个刺激作出反应，这时他们可以决定并告诉你他们意识到了什么。但在这之前，你无法知道那个事物究竟是在意识之中，还是在意识之外。

你现在意识到什么？

你可能非常肯定现在自己的意识里究竟有什么，但果真如此吗？多年来，我一直鼓励学生每日数百次地问自己一系列难度渐增的问题，如“我现在有意识吗？”，“现在谁有意识？”或者“我是有意识地做那件事的吗？”。通常，他们从确信自己整天都是有意识的，变成了对此表示严重怀疑的人。他们认识到正是由于问这个问题而让自己发生了变化。

“我刚才意识到什么？”这个问题特别有趣，我花了很多时间来冥想。如果真有意识流，那么必然有一个答案——我意识到这一点而非那一点。但一旦你开始认真寻找，就会发现自己可以回过头来从几种思绪中任选一种，如车流的噪声、呼吸的感觉或草的样子。起初，选择其中一种似乎会赶跑其他思绪。但随着练习的增加，意识会发生改变。你会清楚地发现，总有许多思绪同时在进行，确实没有任何一个思绪是真正在意识之中的，直到你抓住它。

对意识的探索能够改变意识本身吗？如果答案是肯定的话，我们可能很容易被蒙骗，也可能学会抛弃错觉。

这一理论严重违背直觉。它推翻了我们一直深信不疑的观念，即在任何时候我们都确切地知道自己意识到的是什么——或正在经历什么样的感质。但该理论也有自己的优势：它能够很好地解释我们在这里看到的奇特的时间效应。利贝特延误的产生是因为语言探测到这个信息需要时间。时钟的报时声和开车从未出现在意识之中或之外，因此不会遇到种种问题。但这岂不是消除了我们试图解释的现象？有人认为确实是这样，并指责丹尼特将意识“解释跑了”。

我不同意这种说法。显然还有一些我们称为“意识”的东西需要解释。但这真的是我们所认为的整合的体验流吗？我们每个人都知道自己当前的意识中有什么吗？我认为我们可能必须打消这个念头，并开始承认我们可能被自己对心灵的看法深深地迷惑住了。

第四章

一个巨大的幻觉

幻觉的本质

意识是一种幻觉吗？人类对自身精神的看法有可能大错特错了。这种可能性表现在很多方面——自由意志是一种幻觉，笛卡尔剧院是一种幻觉，自我是一种幻觉，丰富多彩的视觉世界也是一个“巨大的幻觉”。

我们应该首先搞清楚“幻觉”这个词的含义。词典的定义如下：

> 被外表迷惑和欺骗的事实或情形……错误的理解或观念；欺骗、错觉或幻想
>
> （《牛津英语词典》）

或

导致对客观存在的真实本质作出错误解释的知觉方式

（《韦伯斯特词典》）

换句话说，幻觉并不是不存在，只是事情与其表象是两回事。

图 12 中的视错觉是大家最熟悉的视错觉现象。这条隧道造成了一个高大凶猛的男子正在追逐一个惊恐的小孩的印象，而实际上这两个人是一模一样的。这个简单的错觉的原理是：我们看到向后延伸的隧道，这表明两个人离得非常远。视觉系统的自动机制断定距离远的人比近的人高大。虽然这两个人不一样大的视觉印象会不断回到我们的脑海里，但通过本例和其他许多视错觉现象，我们可以认清这些错觉的原理，并提醒自己不要再次上当受骗。

类似的原理是不是也适用于整个意识？如果是，那么结论就是：意识并非不存在，只是它似乎不像看起来的那样。这意味着我们对意识的天然想法肯定有误，必须要将其抛弃。既然我们似乎在认识意识的过程中遇到了麻烦，

图 12 幻觉是指某物并非它看起来的那样。在这个视错觉中，上面那名男子看起来较高大，实际上他们却是完全一样的。

这一想法可能会有所帮助。

为了探讨这一观点，我们必须从意识的表现方式开始，然后考虑这种想法为什么可能是错误的。把心灵看成剧院是一个非常强大的诱惑（我们已经探讨过它可能错误的原因）。另一个诱惑是我们感觉到意识是某种力量或权力，我们需要它来完成那些最需要智慧或最困难的事情。创造性思维、作决定和解决问题可能是一些很好的例子，但事实证明其中一些事情在无意识的情况下完成得最好。

举一个简单的例子，请看下面这则儿童谜语：

有一天，天空晴朗无云。我步行穿过一片田野，突然看见草地上放着一条旧围巾、一根胡萝卜和两块煤。它们怎么到那里去的呢？

如果你不能马上回答这个问题，你会为此绞尽脑汁：你苦苦思索，试图有意识地找出答案，或者想象出一个十分生动的场景，竭尽了全力。而一旦看到答案，你会觉得这真的是再明显不过。如果你还不明白，那么就让这个问题再“捂”一会儿，看看后面会发生什么事。（答案在96页，但现在请不要看。）

对深思的研究表明：有时人们先思考一下某个问题，然后又放下去想别的问题，而第一个问题的答案有时会不自觉地自动跳出来。类似情况在富于创造力的艺术家和科学家身上也时有发生。绝妙的创新方法和科学问题的解决方法并不只是奇迹般产生的；通常出现的情况是：科学家或发明家会花上数小时、数天甚至数年的时间来解决一个难题，他们将所有的片段放在一起，击破各个难点，但始终未能找到最终的解决办法。于是他们停止思索，想想别的事。然后答案忽然呼的一下跳了出来——我找到了！这看起来就好像大脑的某个部分在一直不停地工作，并自己找到了解决方案。

有些实验也探讨了一类特殊问题，它们虽然有解，但往往过于复杂而难以用逻辑思维解决。它们需要别的、被我们称为直觉的方式来解决。在一个著名的实验里，人们玩模拟工厂制糖的电脑游戏。人可以控制职工人数和工资等变量，但并不知道背后的公式。很快，他们能够更好地稳定食糖的产量，但他们并不清楚自己是如何做的。事实上，那些自认为知道怎么做的人反而比不知道的人表现得更糟。

在我们这个高度复杂的社会里，类似的情况也许一直都在发生。我们遇到一个陌生人，很快就能根据他的表情、衣着、手势和声音判断他是敌是友，是否值得信赖、聪明与否。但这是怎么做到的呢？除了具有各种先天的能力外，我们一生之中都在与人接触并观察他们后来的种种表现。我们不可能确切地记住所有这一切，或得出一些公式来计算其中的概率，但这些都是在大脑的某个系统中完成的，所以我们最终作出可靠的判断。

这种内隐加工能够解释很多我们称为情绪性决策或者直觉的现象，因为我们不知道答案从何而来——我们只是隐隐觉得什么是对的，或“知道”该怎么做。这些往往都是被忽视的重要技能。历史上许多思想家都推崇理性，但往往以牺牲情感为代价；他们将纯理性思维提升到至高无上的地位，并把理性精神从身体中独立出来。这就是神经学家安东尼奥·达马西欧（Antonio Damasio）所说的“笛卡尔错误”。他所提供的证据表明情绪感受能力是思维和决策所固有的组成部分。比如，额叶受损的病人情绪波动很小，但他们不会变成超级理性的决策者；相反，他们似乎拿不定主意。

我们还可以对我们没有意识到的各种刺激，即潜意识（或阈限下）刺激作出反应。潜意识感知的名声很差，可能是因为有人声称做广告者可以在电影或电视节目中插播简短的讯息而使人们购买其产品。其实，这种花招并不起任何作用，人们的购买行为很难受此影响。潜意识的录音带也同样没用。比如，有人声称，听一盒含有无法听到的信息的录音带，或者在睡觉时放给你听，这样就能教会你新的语言、新的技能，甚至改变你的生活。事实上，除非你能听到这些信息，否则你几乎什么也学不到。

抛开这些说法不管，潜意识感知现象是真实的。例如，当人们被一个飞快闪过的、无法有意识地看清的词启动后，这个词仍然能够影响他们接下来的反应。所以如果闪现的词是 river（河），那么下一个词 bank（河岸或银行）更有可能被解释为河岸，而不是存钱的地方。同样，如果闪现的是一张笑脸或眉头紧锁的一张脸，人们更可能对紧接着出现的无意义符号作出积极反应。这些连同其他许多实验都表明，我们随时都会受到周围无数我们没有察觉的活动的影响。我们聪明的大脑用极其复杂的方式加工这些信息，但是我们对此知道得少之又少。

我们很容易这样想象：人脑大部分都由无意识构成，然后有小部分的前意识或潜意识，最后才是意识，这就是我们所知道或直接体会到的。但我觉得这种传统看法肯定不对。

填补空白

你是否有过这样的经验：眼前突然出现一个你之前没有注意到的东西——一副你以为丢了的眼镜、一本你没有注意到的书、邻居花园中的一个雪人？在那一刻之前，你的意识中有什么？正如威廉·詹姆斯在1890年感叹道："世界本应存在许多空白，但我们却感觉不到"。在我们对房间形成的图像中没有眼镜形状的空白，也没有像书那种形状的空白，在草坪上也没有雪人形状的空白。是不是我们的大脑填补了空白？有没有这个必要？

这种寻常的体验看起来非常奇怪，其中可能的原因如下：我们设想在自己的头脑或心灵的某处有一幅世界的完整图像，这就是有意识的体验。毕竟，环顾四周，我们看不到空白，因此，我们认为内部一定有一个没有空白的世界。几十年以来，这种认为头脑中存有一个详尽的对世界的内在表征的观点一直是绝大多数认知科学的基本假设。但正如一些简单的实验所揭示的那样，以这种方式来思考大脑有可能是错误的。

首先，人眼有一个盲点。人眼的设计方式非常奇怪，这也顺带揭示了进化的偶然性。在远古的某个时候我们的祖先发展出了简单的眼睛，眼睛里的神经元携带几粒光感受细胞所接受到的信息一直前行，然后返回简单的大脑。自然选择总是在已有的构造上进行，无论它是什么，因此原始的眼睛经过修改逐步发展成为一个复杂的眼睛：拥有肌肉、镜片和成千上万个紧紧地挤在一起的感受器。此时，神经元已经阻挡了光线，然而进化却未能发现它已误入歧途，应该回头重新开始，所以它继续照原先的计划进行。这样带来的后果是：神经元阻挡了感受器，汇聚成了一个大束，也就是视神经，然后从视网膜中穿出，结果在视网膜上面形成了一个没有感受器的洞（离中心约 15 度）。在这一部分，我们的眼睛什么也看不见。我们注意到了吗？根本没有。如果你想证实，照着图 13 的说明试一下。

图 13 寻找盲点。举起书，伸直胳膊。用一只手遮住右眼，然后用左眼盯住右边的小黑点。现在你缓慢地来回移动这一页。你会发现，到某个距离时，左边这个笑眯眯的小猫突然消失了。这是因为现在它正落在你的盲点上。

在日常生活中，我们根本注意不到这两个盲点。部分原因在于我们有两只眼睛，每只眼睛都能弥补另外一只留下的空白。但即使遮住一只眼睛我们也看不到视野中存在一个洞。为什么不会呢？这个问题和前面那个问题一样。是不是大脑填充了缺失的信息，从而遮盖了空白？如果是的话，它是用什么呢？在这个填充的问题上一直存在着激烈争论。

丹尼特认为大脑不需要用细节填补空白，也没有这样做。这是因为看并不像复制图片那样，是为内在的自我构建一幅世界的图像的过程，而更像一个猜测或假设那里存在着什么的过程。这种概念上的填充时时都在发生。现在你大概可以看到很多物体遮盖了其他物体：书遮住了部分案头；地毯在桌腿后面消失了；汽车遮挡了风景。你当然看不到风景里存在一个汽车形状的洞，但你也无需用貌似合理的大树或者灌木来填补空白。你的视觉体验是：这是一片完整连续的风景，即使你看不到它的全部。

丹尼特现在让我们想象进到一个房间，里面贴满了同一幅玛丽莲·梦露（Marilyn Monroe）的画像。他说我们会在几秒钟内看到房间里有数百幅一样的画像，而且如果有一张画上的梦露戴着帽子或者留着搞笑的胡子，我们也会很快注意到。我们自然而然的结论是：现在我们头脑中一定有一幅详尽地描述所有玛丽莲画像的图像。但丹尼特说这是不可能的，因为只有位于视网膜中心的中央凹才能看得清楚，而我们的眼睛每秒只能进行约 4 次或 5 次扫视（大的眼动），因此我们不可能看清每一幅画。我们能看到这么多有赖于眼睛的特征觉察器，它能够发现整个房间中重复出现的模式，以及专门的“弹出”机制，它能让我们注意一些独特的特征，如搞笑的胡子或不同的颜色。所以我们看到的根本不是一幅详尽的内部图画，而更像是猜测或假设房间里有很多相同画像，或者有很多相同画像这样的表征。大脑不需要把每个梦露单独反映在内部图像上，它也并没有这样做。我们有一种清晰的感受，即每一个细节都在大脑里面，但实际上它们只是停留在外部世界。填充缺失的梦露画像显得毫无必要，大脑也不是这样做的。

但在心理学家理查德·格雷戈里（Richard Gregory）和 V.S. 拉玛钱德朗看来，填充过程确实存在。他们采用下面的方法创造了人工盲点：他们让人盯着看一个闪着"雪花"的屏幕的中心，但在偏离中心 6 度的地方有一个灰色的小方块，其中就没有"雪花"。最初，实验参与者能看见这个灰块。但大约过了 5 秒钟后，方块也如其他地方一样充满了"雪花"。接下来，当整个屏幕全变灰后，"雪花"仍显现在那个方块中，并持续两三秒的时间。其他实验则揭示了颜色、纹理和运动填充等不同的机制。例如，在一个实验中，一个粉红色背景上面闪烁着稀疏的黑点，而方块中则是一些黑点在灰色的背景中水平运动。如果你一直盯着屏幕，你会发现方块会在几秒钟后消失，但这个过程分成两个不同阶段：首先，灰色变成粉红；然后，圆点由移动的变成了闪烁的。

另一个类似实验使用英文或拉丁文作背景。方块的填充方式跟上面一样，但奇怪的是，实验参与者说他们现在在方块中看到了字母，但不会念。有趣的是，这种现象也出现在梦境中，人们梦见了书报或者巨大的标牌，他们能够看到文字但是却读不出来。那么他们看见了什么？也许，他看见的更像是字的这种**想法**，而不是一个真正有字的区域。

关于填充的争论远没有平息，但这些实验提示填充的过程确实存在，虽然它不太可能是在内心的图画中一点一点地填充细节。

变化盲

假设你参加了这样一个实验，你的任务是看图 14 中左手边的这幅画。正当你移动眼球的这一刻，你看到画突然变成了右手边的这一幅。你能注意到它们之间的差别吗？大多数人都确信自己能，但他们都错了。

这种现象就是变化盲，已经在很多不同的实验中都得到了验证。20 世纪 80 年代的首批实验使用了眼动仪这种设备。从实验参与者眼睛中反射回来的激光束能够检测到眼睛的移动，并据此立即改变实验参与者正在看的文字或图画。参与者甚至无法注意到一些非常明显的大变化。眼动仪很昂贵，但我试了一个比较简单的方法，就是稍微移动图片，迫使人们移动眼睛，同时改变他们看到的图像。我发现了同样的结果，因此可以得出结论说丰富多彩的视觉世界只是一个幻觉。

后来人们还使用过许多其他方法。最简单的方法就是在两幅照片之间快速闪现一个灰块；照片可以来回变换，从一幅变到另一幅，直到观察者发现变化。一般来说，人们需要好几分钟才能发现一个很大的物体改变了颜色，或者整个消失了。这种体验极其令人沮丧。你看来看去，却看不出任何变化。如果你和别人在一起，你会听到他们在笑话你；然后你突然看出了那个明显的差异，你无法想象自己之前怎么没有看出来。

这个效应之所以产生是因为上述所有方法都让“弹出”

图 14 变化盲。如果在你移动眼球或者眨眼的时候交换这两幅画，你不会看出任何变化。变化盲的实验表明，看见并不需要建立视觉世界的详细表征。

机制和运动觉察器失去作用，正是这两种机制常常提醒我们有东西发生变化了。没有这些机制，我们只能全凭眼球移动前后的记忆——正如上述实验所表明的那样——我们对刚刚看过的东西的记忆是出乎意料地差。

但我们为什么会惊讶呢？原因很可能是这样的：我们认为当我们环视一个地方时，每多看一眼我们接收的图画就多一分，直到我们对那里有什么已经完全心中有数。这就是我们感觉到的看的过程，这也是我们所认为

的看的原理。但如果是这样的话，我们一定会记住画中的栏杆，我们也会注意到其顶部消失了。变化盲现象有力地表明，视觉建构方式的天然理论一定有不对之处，但我们并不清楚它究竟错在哪里。

一种可能的解释认为注意是回答这个问题的关键。那么密切注意某事是否能让你不至于错过变化呢？心理学家丹尼尔·莱文（Daniel Levin）和丹尼尔·西蒙斯（Daniel Simons）用实验检验了这个问题。他们制作了一些短片，其中有些物体要么就是消失了，要么改头换面或变换了颜色。在一部影片中，剧中唯一的那名演员坐在房间里，当他正要起身向门口走去时电话响了。然后画面切换到门外，接下来一个完全不同的人接起了电话。只有三分之一的观察者发现了这一变化。

你可能会认为这是电影中的一些花招所致。但令人惊讶的是，莱文和西蒙斯用日常生活环境中的普通人做实验也证实了同样的效应。在一个例子中，他们让实验者在康奈尔大学校园里接近一名行人，并向他问路。实验者让行人一直不停地说话，这时两名扮作工友的助手抬着一扇门粗鲁地横在他们俩中间。这时，实验者抓住门的背面，并与其中一个抬门的人作了交换。现在跟这个可怜的行人说话的是完全不同的一个人。但只有一半的行人注意到这个替换。同样，当人们被问到他们是否能够觉察到这个变化时，他们都确信自己可以——但他们错了。

这对我们的日常生活很有启示。例如，在发生变化的那一刻出现的“溅泥”或毫无价值的污点也可以引起变化盲。这种情况经常在路上和空中发生，这就意味着如果在需要进行一些关键操作时正好有泥点击中挡风玻璃，司机或飞行员就可能犯下严重错误，这完全可以酿成一些莫名其妙的事故。但这里我们所关心的是其对意识的意义。

大幻觉理论

变化盲和非注意盲的发现对我们大多数人思考自身视觉体验的天然方式提出了挑战，即如果我们相信有一系列丰富详尽的图片一个接一个地穿过我们的意识，我们必定错了。这就是众所周知的“大幻觉”理论——或整个视觉世界都是一个大幻觉的理论的基础。

我们怎么可能犯如此的错误呢？如果错了，我们就需要理解幻觉是如何产生的以及我们为何会对它信以为真。有好几种不同的理论都试图解释这些现象，它们共同的出发点是：每次移动眼睛时，我们就会丢掉大部分已知信息。显然，我们必须保留一些信息，否则世界将变得完全无法理解，因此这些理论的不同就在于解释当我们环顾四周时，我们保留了多少信息，这些信息又是什么。

非注意盲

非注意盲这个奇怪的现象提示，除非我们集中注意，否则有些东西我们可能根本看不到。心理学家阿伦·麦克（Arien Mack）和欧文·拉克（Irvin Rock）要求实验参与者盯着一个注视点看来保持他们的注意。当十字符号飞快出现时，他们要判断是不是其中有一划更长。当一个十分清晰的物体突然闪现在十字符号旁边时，大多数参与者都没有看到它。更令人惊讶的是，如果他们必须要注意的那个十字稍微偏向一侧，那么他们也不会看到就在眼前闪烁的物体。这似乎表明注意一侧会让你无法看到你先前所看的地方。麦克和拉克的结论是，没有注意就没有有意识的知觉。

> 魔术师千百年来一直在注意上耍花样，但上述这类实验则表明我们会一直上当。如果真是如此，这会很奇怪。它意味着当我们环顾房间时，我们看到的只是我们注意到的很少一部分物品——无论我们的感觉是怎样——我们确实没有看到任何别的东西。

在莱文和西蒙斯看来，每当眼睛专注于某个物体时，我们确实有丰富的视觉体验，并从中提取出场景的意义或要点。然后，当我们移动眼睛时，细节已被扔掉，只保留了要点。这样我们对正在观看的东西有了牢固的认识，总是能够仔细看清其中一些部分。他们认为，这样就让我们对连续性有一种知觉体验，不至于有太多的混淆。

加拿大心理学家罗纳德·雷森克（Ronald Rensink）也做了大量的工作来研究非注意盲和变化盲。他对此有不同的解释。他认为视觉系统根本没有建立完整而详细的世界表征，即使在注视的时候也没有。相反，当我们的注意转换时视觉系统都会构建单个物体的表征，一次一个。每当我们注意到某个物体时，其表征就得以建立并保持一段时间。但当我们停止注意时，该物体的整合性就丧失了，并重新还原成乱成一锅粥的单个特征。他解释说，我们之所以会产生一个丰富的视觉世界的印象是因为：每次我们重新观看的时候，一个新的表征总是能够及时建立起来。

这似乎很奇怪。很难相信的是，当我看着自己的猫时，房间里其余的东西都从我的视觉系统消失了。但这就是雷森克的理论的含义。究竟怎样才能核实呢？如果我试图非常迅速地看一个东西（好像它存在一样），却发现它不存在，我这样做注定不会成功，因为新表征建立的速度和我看的速度一样快。我能够看到整个房间的印象是正确的，但这是因为我总可以一看再看，而不是因为我的意识中有整个房间的图画。

这让人回忆起威廉·詹姆斯一个多世纪以前在探索意识时所描述的问题。他把内省比喻成“试图调亮煤气灯，看黑暗是什么样子”。我想他也会喜欢用电来做同样的比喻，或者用这个更现代的比喻——试图很快打开冰箱门，看灯是否一直亮着。

在冰箱这个例子中，我们可以在里面放一个摄像机，或者在冰箱一侧钻一个可以看到里面的洞，这样就很容易检验灯是否一直亮着。要在大脑上做类似的事却困难得多，但神经科学在大脑扫描技术的发展上取得了巨大的进步。如果我们发现视觉系统确实是这样工作的，即一次只保留非常少量的绑定的物体信息，那么我们必然作出这样的结论：大脑内没有任何东西与我们认为自己体验到的详尽的视觉流相对应。

这对于我们寻找意识的神经机制很有启发。例如，克里克说他想找到“我们眼前看到的生动世界”或者被达马西欧称为“大脑电影”的神经机制。但如果视觉世界是一个大幻觉，那么他们将永远无法找到他们所要寻找的，因为头脑中既不存在大脑电影，也没有生动的图片。两者都是大幻觉的一部分。

还有最后一个理论更进一步打破了我们平常的视觉意识观。这就是心理学家凯文·奥里根（Kevin O’Regan）和哲学家阿尔瓦·诺亚（Alva Noë）提出的“视觉的感觉运动理论”。他们采取了全新的研究角度，认为视觉根本不是在构建内部表征，而是在外部世界中的一种行动方式。视觉是为了获得感觉和运动的关联性，也就是认识到自己的行动如何影响你从外部世界获得的信息，同时通过与视觉输入的相互作用来探索眼球运动、身体动作、眨眼和其他行动如何影响视觉输入的方式。换句话说，看就是行动。根据这个观点，视觉不是在构建世界的表征；相反，看、注意和行动都是同一回事。因此，你现在所看到的就是某个场景中你正在“视觉操纵”的那些方面。如果不是在操纵世界，你什么也看不见。当你停止操纵世界的某个方面，它又返回到虚无。

这种理论与传统感知理论存在巨大的差别，但与人工智能领域正在发展的具体化认知（embodied cognition）或生成认知（enactive cognition）理论非常相似。在这种情况下，机器人的研究者已经发现，通过给机器人详细而复杂的内部表征以使其在真实世界中移动的方法是极其低效的，甚至是不可能实现的。相反，更好的方法是建立简单一些的系统，让机器人在真实世界中玩耍、犯错误并且自己学习如何与其互动。

这种方法有助于了解视觉意识吗？提出内在表征的传统理论不能解释那些表征如何变成了有意识的体验，为什么有些视觉表征是有意识的而大部分不是，也不能解释我们为什么看上去像是那个观看表征的人。感觉运动理论颠覆了这个问题，将观看者看成演员、视觉看成行动。所以现在就必须解释行动如何能成为主观体验。这一点能否被证明我们还将拭目以待，但可以肯定的是它彻底改变了这个问题。由于传统理论只会带来混乱和那个“困难的问题”，因此视觉是个大幻觉这一观点值得认真对待。

谜语答案：

是孩子把它们带到那里堆雪人，雪人在阳光下溶化了。当我在第 81 页提到雪人时，你可能已经想出了答案，或者答案自然而然地跳出来了，也可能你根本还不知道答案。

第五章

自我

精神和灵魂

我是谁，抑或我是什么？诸如“我是我的身体”或“我是我的大脑”之类的回答并不能让人满意，因为我感觉不像是一个身体或大脑。我感觉像是拥有身体和大脑的某个人。但这个好似深居在大脑里面，并透过眼睛往外看的人，她可能是谁呢？那个仿佛过着这种生活并拥有这些体验的人是谁呢？

从科学的角度来看，无需这样一位主人，也无需一个内在的体验者来观察大脑的活动，也不需要一个内在自我。大脑虽然很复杂、难以理解，但它们是因果封闭的。也就是说，我们可以看到一个神经元如何影响其他神经元，神经组织如何形成和消解，一个状态如何导致另一个状态，这一切都不需要更多的介入。换句话说，我的大脑并不需要“我”。

即便如此，我仍有“我存在”这种无法抑制的感觉。当我考虑有意识的体验时，在我看来似乎是某个人拥有它。当我想到身体的行动时，在我看来似乎是某个人在行动。当我想到生活中难以取舍的决策时，仿佛是某个人必须作出这些决定。当我问在这个世界上究竟什么才重要时，仿佛是一定是要对某人很重要的事。这个某人就是“我”，我的真实“自我”。

自我的问题与意识的问题息息相关，因为每当有自觉的意识体验时，很容易假设它们必然发生在某个人身上，不可能存在没有体验者的体验。我们于是陷入了僵局。科学不需要一个内在的自我，但大多数人都颇为确信他们是拥有自我的。此外，许多人相信摒弃自我这个概念会导致混乱、破坏动机并摧毁道德秩序。许多东西都取决于我们是否相信自我的存在，但我们对自我的认识往往是非常糊涂的。

为了理清混乱，哲学家德里克·帕菲特（Derek Parfit）对自我派理论家和羁束派理论家进行了区分。他以我们**好似**单一、连续、拥有体验的自我这个毋庸置疑的事实为出发点，并进一步询问其中的原因。自我派理论家的答复是：这是因为它从字面上讲是对的；我们的确是连续的自我。相反，羁束派理论家认为这是不正确的，自我体验必须要有其他解释。

羁束理论的得名源于哲学家大卫·休谟（David Hume，1711—1776）的著作。休谟描述了自己如何盯着自己的体验寻找正在体验的自我，但发现的仅仅是体验本身。他总结道，自我不是一个实体，它更像是“感觉束”；一个人的生命是一连串印象，看似属于某个人，但其实仅仅是由记忆或者其他类似的关系连在一起而已。

需要注意的是二元论只是自我理论的一种形式，你无需变成二元论者才会相信一个连续自我的存在。事实上，正如我们将会看到的那样，许多反对二元论的现代科学理论仍然试图找到自我的神经机制或用大脑内部持久的结构来解释自我。因此，这些都是自我理论。

主要的宗教流派为每种类型都提供了清楚的例子。它们几乎都是直接的自我理论；无论那些自我是被设想成为灵魂、精神、“真我”或其他任何东西，它们都是建立在自我是存在的这一假设之上。这种人性自我的存在就成为了同一性学说、死后生命学说和道德责任学说的基础，也是基督徒、犹太教徒、穆斯林和印度教教徒信仰的核心。虽然有些科学家信仰宗教，也有些科学家声称科学与宗教并非互不相容，但自我这个问题却显然是关键所在。如果每个人都在拥有大脑以外还拥有精神或灵魂，那么科学应该能够探测到它，但到目前为止还没有探测到。这并不是说它永远不会被探测到，但这其中肯定有问题。

在各种宗教中，仅有佛教否认自我的观念。历史上的佛陀（释迦牟尼的尊称）生活在约 2,500 年前的印度北部。据说他在树下冥想了很长一段时间后成了佛。他否认当时流行的宗教学说，包括永恒的内在自我或者“真我”。相反，他教导说，人类的苦难乃是由于无知，特别是由于坚持一种错误的自我观所造成的。摆脱痛苦的出路在于抛却全部让自我愉悦的欲望和依恋。因此，他的学说的核心是非我的观念。这并不是说自我不存在，但它是虚幻的，或与表象并不一致。自我不是过着人的生活的连续实体，而只是赋予一整套元素的传统名称。他还教导说，一切都取决于先前的因，没有任何事可以自己发生；这与认为宇宙是相互依赖和因果封闭的现代观念非常一致。因此这可以解释为什么他会宣称“行动及其后果都是存在的，但行动的人并不存在”。帕菲特把佛陀看成是首位羁束理论家。

羁束理论极其难以理解或接受。它意味着你必须完全摒弃你是一个拥有意识和自由意志的实体，或你在过这个特定身体的生活的观念。相反，你必须接受“自我”这个词并不代表任何真实或持久的东西，虽然它很有用。它只是一种观念或者一个词。至于有体验的自我，它不过是一

图 15 佛陀否认存在连续的自我。

种稍纵即逝的感觉，随着每次体验而产生，随后又再次消失殆尽。产生连续性的错觉是因为每个短暂的自我都伴随着记忆，是这些记忆引起了连续的感觉。

这种违反直觉的理论大概不值得考虑，但如果不这样，我们就会面临自我是什么这个巨大的难题。在我们思考一些更为奇怪的自我现象时，自我是一种幻觉的想法至少值得记在心中。

分裂的大脑

如果把你的大脑分成两半，你会有怎样的体验？这听起来好像只是一个思维实验，但实际上，人们在上个世纪五六十年代曾经做过这类极端的手术。癫痫病有时非常严重，几乎持续不断的抽风会让生活难以忍受。今天可以用药物或微创手术治疗这种疾病，但在当时，治疗最严重的患者的方法是切断大脑两大半球的联系，以防止癫痫发作从一侧半球扩散到另一侧。胼胝体是连接两个半球的主要组织，大多数这类病人因此被切断了胼胝体，但留下脑干和其他一些连接。因此说他们的大脑被切成了两半显得有些夸张，但由于没有胼胝体，左右半球间的大部分常规传导中断了。

结果如何呢？万幸的是，它造成的影响很小。病人恢复良好，似乎过着和正常人一样的生活。他们的性格、智商和言语能力很少或几乎没有发生变化。但在20世纪60年代初，心理学家罗杰·斯佩里（Roger Sperry，1913—1994）和迈克尔·伽扎尼加（Michael Gazzaniga）所做的实验揭示出一些意想不到的结果。

设计这些实验需要理解感觉器官与大脑连接的方式。从右耳进入的信息传到大脑右半球（左耳的信息进入左半球）。但如图16所示，从左侧视野进入的视觉信息传入大脑右半球（反之亦然）。这意味着如果你直视前方，所看到的左侧的事物都进入右脑，而所有右侧的事物都进入左脑。控制身体的神经也是交叉的，左半侧身体受大脑右半球控制（反之亦然）。正常人的左右两半球是彼此相连的，因此信息能够迅速传导到两个半球，但裂脑病人的两个半球却失去了联系。了解了这一点后，实验者可以与病人的其中一个半球单独沟通。这两个半球会像两个独立的人一样行事吗？是否每个半球都独自拥有意识？

在一个典型的实验中，病人坐在屏幕前并直视屏幕中心。整个屏幕被分成两半，然后文字或图片闪现在屏幕的左侧或右侧，这样信息只传导进入一个半球。患者可以口头回答，也可以用其中一只手作反应。

假设图片出现在右侧视野。由于大多数人的言语功能都局限在左半球，因此病人可以相当正常地描述图片。但如果图片出现在左侧视野，那他就无法用言语描述。这表明拥有言语能力的左脑只能看到呈现在右侧的事物。同时，右半球能看到呈现在左侧的事物。这可以通过让病人用非言语方式回答而得到证明。例如，你可以给他们一堆藏在包里的东西，让他们用左手选出刚才看到的东西。这样，对于“你能看到什么？”这个问题两个半球能同时给予两种不同的回答。而这两个半球似乎都不知道对方在做什么。这是否让它们成为了两个有意识的人呢？

在一个著名的实验里，研究者在裂脑病人 P.S. 的左侧呈现了一幅雪景，右侧呈现了一只鸡爪，然后让他从他面前的一堆图片中选出与看到的东西相符的两幅图。

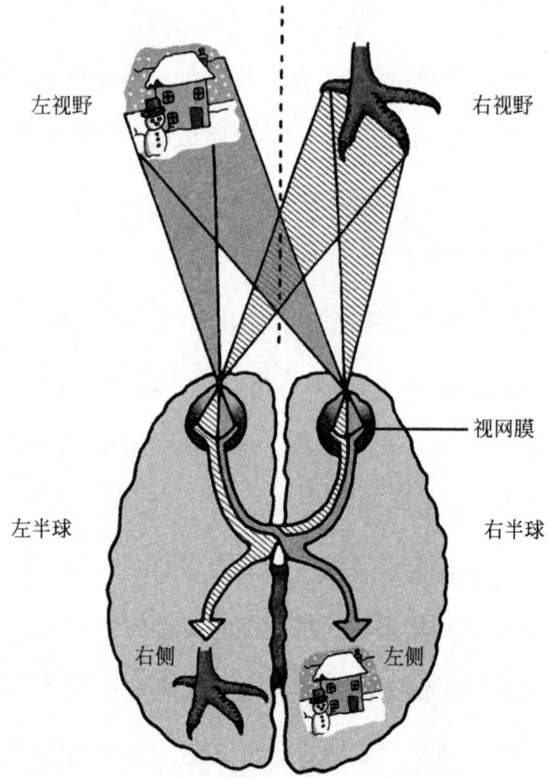

图 16 人脑的交叉连接。如果在裂脑病人 P.S. 的左侧呈现了一幅雪景，右侧呈现了一只鸡爪，负责言语的左半球因此只能看到鸡爪。

他的左手选择了铲子（铲雪用），但右手却选择了一只鸡。从每个半球所看到的东西来看，这么选择是说得通的。不过当要求他解释这样选择的原因时，他（即说话的左脑）却说："哦，很简单。鸡爪跟鸡是一块的，你需要铲子来清理鸡棚”。

这样，说话的左脑用虚构的方式来掩盖自己的无知。当呈现给另一半球的是一张情绪图片时，它也会故伎重演——编造一个貌似合理的借口来解释大笑、微笑、害羞或其他被诱发的情绪反应。这可能有助于解释为什么这些病人能够显得这么正常。但这也应该让我们对自己有所怀疑。我们的大脑由许多相对独立的单元组成，言语单元不可能了解所发生的一切，但它经常能够为我们的行动提供令人信服的理由。这其中有多少是看似合理但却是虚构而非真实可靠的理由呢？我们能区别开吗？

斯佩里从这些实验中得出的结论是：他病人的头脑中存在两个有意识的实体；每个都有自己的感觉和自由意志。相反，伽扎尼加则认为，只有左半球起着“解释者”的作用——使用语言、组织信念、把行动和意图归因于人。只有这个半球拥有高级的意识，另外一个半球虽然具有各种技能，但并没有真正的意识。

哪种观点正确呢？问题在于我们根本就找不到解决问题的方法。我们可以去问每个半球，但如其他人、宝宝或动物一样，我们还不能确定他们除了说话和选择图片外，还有没有意识体验。这立刻将我们带回到第一章的争论之中。如果你认为意识是一种额外的附加能力，那么你自然想知道是两个半球都有意识还是只有一个半球有，但你找不到答案。同样，说到自我，如果你坚信持久自我的存在，那么你自然想知道是不是两个半球都有自我，但你依然无法找到答案。

你会按下按钮吗?

你相信自我的存在吗？会不会是你的心思告诉你的是一件事，而理智告诉你的却是另一件事？下面这个哲学家的思维实验是回答这个问题的好方法。

想象你能钻进一台机器，去你想去的任何地方旅行。当你按下按钮，你身体的每个细胞都被扫描、摧毁，然后在你选择的目的地重新创造。由于这只是一个思维实验，因此我们必须假设整个程序是百分之百的安全和可逆。你也完全不必担心中途会迷路。问题是——你会去吗？

如果你真的是一名羁束理论家，你应该没有任何疑虑。旅行开始后你身体的每个细胞不会有任何变化，你所有的记忆都会完好无损。在其他人眼里，你看上去毫无变化。你也会像从前一样，拥有存在内在自我这样的幻觉。

图 17 远程运输机：哲学家的思维实验

如果你还不肯按下按钮，那你肯定还在固守另外一个想法：真正抵达的不是“你”。换句话说，你还相信一个内在自我的存在。

这个问题似乎关系重大。同样关系重大的是，裂脑病人身上是否存在另一个不能正常地说话、也不能对所发生的事情施加影响的自我——这听起来非常恐怖。但在帕菲特看来，所有问题都是由于相信自我存在而产生的幻想。羁束理论完全摒弃了该问题。裂脑病人身上既没有一个自我，也不存在两个自我，存在的只是体验，但是没有任何人拥有它们——正如在你我身上发生的一样。

催眠和分离

想象这样一个情景：你正身处一个表演现场，舞台上一名男子正在邀请想要上台被催眠的志愿者。你自己不敢去试，但你看到不少人举手。催眠师使用各种游戏和测试逐步进行筛选，直到选出大约 6 位准备好进入“深度催眠状态”的志愿者。若干分钟后，经过睡眠暗示、想象美景、或者想象乘电梯下楼之后，志愿者都逐渐沉睡下去了，有趣的事出现了。很快，一个人在照想象出来的宽衣镜，另一个人的举止就像是马戏团的一匹马，第三个则在观众中间晃悠，让他们把自己叫醒。

催眠也可以用作一种治疗方法。催眠被用来帮助人们戒烟、减肥、舒缓压力或应付情绪障碍。虽然很多宣传都有些夸张，但其中一些治疗方法确实有帮助。催眠也可以用于减轻疼痛，并在一些手术中替代麻醉药。

催眠源自于名声很差的催眠术。催眠术使用磁石和“动物磁性”理论，曾在 19 世纪末达到鼎盛时期，被广泛应用在医药、精神病治疗和娱乐业中。招魂术在当时也很盛行。巫师有时催眠灵媒，以让他们的精神从身体分离出去——这只是很多看似能够证明精神分离的现象之一。

另一个奇怪的现象是多重人格。1898 年，一位名叫克里斯汀・波茜普（Christine Beauchamp）的年轻女子遭到疼痛、焦虑和疲劳的折磨，前来向波士顿的莫顿・普林斯（Moton Prince，1854—1929）博士咨询。普林斯催眠了波茜普小姐，她因此变成了一个非常被动的人。接下来，一个全新的人出现了，她开始把波茜普小姐称为“她”而不是“我”。后来人们叫她莎丽，一位活泼、风趣、直率、坚强和健康的女孩；而克里斯汀则呆滞、紧张、软弱并极其善良。当克里斯汀理智地写信时，莎丽就会出来将信撕碎；当克里斯汀拒绝吸烟时，莎丽会接过来并点燃。换言之，莎丽将克里斯汀的生活变成了地狱，但她们却寄居在同一具身体里。

波茜普小姐这个病例是一个典型的多重人格病例。1840 年到 1910 年间报告了数百例病例。精神病学家、医生和研究人员都认为，两个或两个以上的人格可以控制同一个身体。例如，威廉・詹姆斯认为这种情况以及其他催眠现象都证明一个大脑能支持多个有意识的自我，要么是交替支持要么是同时支持。这些被称为并存意识或下自我（underselves）。

随着人格数量的增加以及理论解释的缺乏，一些病例变得愈加离奇。因此在20世纪初，反对这个概念的声音出现了。专家声称整个现象都是由催眠以及男医生对顺服的女病人所具有的信服力引起的。确实有很多多重人格现象是由催眠造成的，同时也有一些显然因催眠而得到治愈。然而，有些多重人格却是自发产生的，并一直吸引着人们的注意。比如20世纪50年代的电影《三面夏娃》与70年代的流行故事《十六重人格的女魔西比尔》。

这些情况宣告了新一轮流行的开始。到1990年，美国确诊了20,000余例病例。同时，电视剧和书籍对这个概念的传播也起到了推波助澜的作用。再一次，专家对此进行了批评，此类病例报告的速度得到放缓。1994年，“多重人格”这个术语被弃用，取而代之的是“同一性分离障碍”。现在，很少有专业人士使用多重人格这个术语。

这些病例的离奇之处在于精神可以分裂成或者孤立成单独的部分这个概念。其他一些催眠现象中也会出现同样奇怪的东西，它们引起的激烈争论至今仍未平息。传统的维多利亚时期的观点认为，催眠是一种分离状态，在这一状态下一部分精神从其余部分中分割出来。催眠师接管了控制权，直接对被分割出来的精神说话，从而使梦游者（他们常被这样称呼）做出不同的事和进行不同的思考，甚至做出在正常清醒状态下不可能做出的“壮举”。

19世纪以来，批评家抗议道，催眠状态是虚假的，或者被催眠的受试者只是对实验者的服从或扮演某个角色。同样的争论在20世纪的大部分时间里还一直持续。他们争论的中心围绕着一个主要问题：催眠状态是不是一种特殊的意识状态——有没有可能是一种分离状态？“状态理论家”的回答是肯定的，而“非状态理论家”的回答则是否定的。

不少人都试图检验这两种理论。其中关键的实验是要比较真被催眠者和被要求假装被催眠者或不经任何感应过程就想象和体验催眠师的建议的控制组受试者。所依据的理由是，如果控制组受试者与“真被催眠”的受试者表现出的现象相同，那么特殊的催眠状态的观点就是多余的。

许多实验都发现这两组之间并无差异，这倾向于支持非状态论。许多心理学家都乐于断定催眠并无任何特别之处。即便如此，还是存在一些怪现象。例如，一些被催眠的受试者会表现出“恍惚逻辑”，他们会接受不合逻辑或者不可能的情形，比如一下看到同一个人的两个版本，或者能够透视物体，并看到它们后面的东西，但控制组的受试者则不会。

另一个奇特的现象是心理学家欧内斯特·希尔加德（Ernest Hilgard，1904—2001）在20世纪70年代发现的。实验表明，当手浸在冰水中（这是心理学实验中常用的引起疼痛的无害方法）时，容易被催眠的受试者否认自己感觉到疼痛。希尔加德相信，在内心深处，人的某个部分仍能感觉到疼痛。所以他对受试者说：“当我把手放在你肩上时，我就可以跟你的隐秘部分说话……”。当他这样做时，受试者开始描述自己的疼痛和痛苦。在另外一些实验中，“隐藏的观察者”会描述明显被忽视的刺激或遗忘的事件。这看上去好像是另外一个人一直拥有意识体验。

希尔加德根据这些发现提出了新分离理论。该理论认为，在正常状态下，个体存在多个控制系统，受决策自我的指挥，但在催眠状态下，催眠师占主导地位，让行动变得不受控制，幻觉变得真实。先前的分离理论认为精神的各个分离部分就像单独的有意识的人，在这一点上新理论与它们并不一致，但它保留了同一个想法，即一个大脑能同时支持多套意识体验。

毋需置疑，该理论只是众多理论中的一个，到现在也还没有达成一致意见。经过 100 多年的研究，我们仍然不知道催眠是否是一种特殊的意识状态，也不能肯定催眠是否真的能够分裂意识。

自我的理论

现在我们可以回到“我是谁或者我是什么？”这个问题上，只是更有点儿糊涂了。所有这些现象都对一个身体存在一个有意识的传统自我假设提出了挑战，并让我们想搞清楚如何能够同时解释这些特殊的例子以及正常的自我感。因为如果人可以同时拥有多个意识体验，为什么我们感到自己是统一的?

许多理论都试图解释自我感，包括哲学中关于人的本性、个体同一性和道德责任的理论，心理学中社会自我的建构、自我归因和各种病态自我的理论以及神经科学中关于自我的大脑机制的理论。这里我们没有办法探讨所有这些理论，所以我只选了几个对意识具有显著影响的理论加以说明。

威廉·詹姆斯1890年的著作《心理学原理》被称为历史上最著名的心理学专著。在这部两大卷的书中，他探讨了心理功能的方方面面，包括感知、记忆，也因为探讨体验自我的本质而苦恼。他称其为“心理学必须探讨的最令人困惑的谜”。

詹姆斯首先区分了“我”（me）和“自我”（I），前者是经验上的自我或客观的人，而后者是主观的、认识的自我或纯自我。似乎是“自我”接收发生在意识流中的感觉和知觉，它是注意的来源，也是努力和意志的起因。但它会是什么呢？詹姆斯否定了他称为灵魂理论的观念，也否认另一个极端，即自我是虚构的观念，它不过是“自我”这个代词所指的虚构现象而已。

他本人的解决办法是一个隐晦的理论，这同他的一句名言“思想本身是个思想者”放在一起也许最容易理解。他认为我们自己的思想有一种温暖和亲切的感觉。他试着这样解释道：任何时刻都可能存在一种特殊的思想，它拒绝意识流中的某些内容，但会挪用其他内容，将它们组合在一起并称之为“我的”。下一刻，另一个这样的思想又产生了，它取代了先前的思想并把它们与自己结合在一起，从而形成了一种整合感。这样，他说，思想似乎就是一个思想者。这听起来像一个极现代的理论，无需任何连续的自我。不过，詹姆斯拒绝极端的羁束理论，并且仍然相信意志力和个人的精神力量。

100 年以后，神经科学家继续在研究这个问题。拉玛钱德朗引用自己在视觉填充上的研究发现（第四章），它们似乎提出这样一个问题：“图片是为了谁而填充的？”通过这项研究，他说：“……我们可以开始着手解决科学与哲学上的最大谜团——自我的本质”。拉玛钱德朗表示，填充不是为了某个**人**，而是为了某件**事**。这件事是其他大脑加工过程，一个发生在大脑边缘系统的加工过程。

这与全局工作空间理论提出的论点如出一辙，它将自我等同于特殊的相互作用的神经元群。例如，巴尔斯的理论认为：一个分等级的情境决定了什么能进到意识剧院的探照灯里去。这些情景中占主导地位的是自我系统，它让信息能被报告和利用。多重人格现象可以如此解释：不同的情景等级相互竞争进入全局工作空间，进入记忆和感觉，但这种机制并不包含詹姆斯和希尔加德所描述的那种并存意识。

另一个理论是达马西欧的多级图式理论。简单的有机体有一套神经模式，时刻对应于有机体的状态，这就是他所谓的原型自我。更复杂的生物体有与核心自我相连的核心意识。它不依赖于记忆、思维或语言，并提供了此时此地的自我感。这是一个短暂的自我，但它可以因为每一个与大脑互动的物体而得到无止境的重构。最后，依靠思维能力和自传体记忆，延伸的意识和自传体自我产生了。这就是你的人生故事中所讲述的自我；它是你大脑电影的主人，它出现在那部影片之中。

所有这些理论的共同之处在于它们都把自我等同于某个大脑过程。它们或许开始解释自我的起源及结构，但它们尚未解开意识之谜。每个理论都认为，大脑加工过程被自我体验到了，因为它们显示出来了，或者能够被另一个大脑加工过程所用，但这如何将它们变成有意识的体验及变化的原因仍未得到解释。

最后，丹尼特提供了完全不同的视角。他否定了笛卡尔剧院，同时还否定了观看演出的观众。他声称，自我虽然需要加以解释，但它的存在方式并不像自然物体（甚至大脑加工过程）那样。这就像物理学上的重心，它是一个有用的抽象概念。实际上，他称自我为“叙述重心”。我们的语言讲述了自我的故事，因此我们开始相信除了单一的身体外，还存在单一的内在自我，它拥有意识、持有见解并作出决策。实际上，内在自我并不存在，存在的只是多重并行的加工过程，这些过程造成了亲切的使用者幻觉[1]（benign user illusion）——一个有用的虚构。

看来我们在思考自己的宝贵自我时需要作一些艰难的选择。我们可以仅仅依靠感觉，假想存在连续的自我或灵魂或精神，虽然它们无处可寻并带来艰深的哲学困惑；我们也可以把它等同于某种大脑加工过程，并把大脑过程为什么会有意识体验这个问题束之高阁；或者我们也可以拒绝任何与自我感相对应的持续实体的存在。

我认为理性上我们必须走最后这条路。问题在于，我

1　亲切的使用者幻觉，这是丹尼尔·丹尼特在描述自我时所使用的一个比喻。它指因为我们常常用“我”来进行各种描述，久而久之，就形成了“自我”存在的错觉。

们很难在自己的个人生活中接受它。这意味着需要对每个体验都采取截然不同的看法；这也意味着我们需要接受没有谁真正拥有这些体验的看法；这还意味着我们需要承认自我看似每次都存在，但这只是暂时的虚构，现在的“我”并不是刚才、上周或去年的那个“我”。这确实非常困难，但我想通过不断地练习，这会变得容易些。

第六章

意识意志

我们有自由意志吗？

伸出你的手，只要你想，并顺服自己的自由意志，你随时都可以弯曲你的手腕。

你这样做了吗？如果没有，你一定是决定不必麻烦了。不管怎样，你作出了一个决定。你在某一时刻翻转手掌，或根本就不做。现在的问题是，是谁或是什么作出了这个决定，或发出了这个动作？是你的内在自我吗？是意识力吗？我们的感觉是这样。但正如我们已经看到的，内在自我的概念有严重的问题。即使内在自我确实存在，我们也不知道它如何产生了这个动作。因此，也许只是大量的、一个接一个的大脑加工过程决定了你是否弯曲了手腕，又是何时弯曲的。

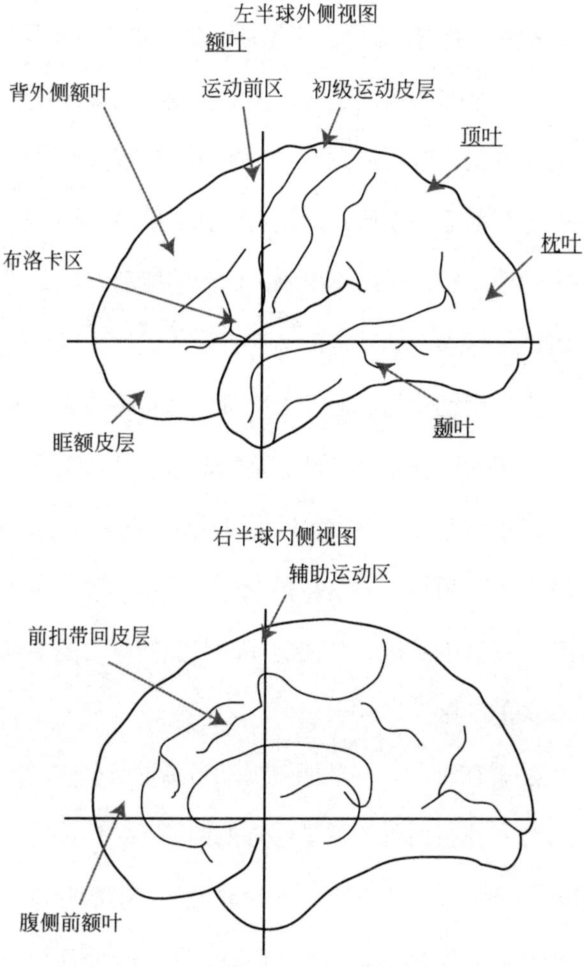

图 18 参与意志的脑区。在按照意志行事时，神经活动从前额皮层传导至前运动皮层和运动皮层。本图标记的其他脑区也可能参与其中。在哪里需要意识的介入？内在自我在哪里发挥作用？如何发生作用？

这正好符合解剖学上的证据。从人体和其他动物的实验中，我们已经掌握了很多有关自发运动的控制的知识。执行任何一个诸如弯曲手腕之类的自发运动都涉及到大脑很多区域。整个过程的大致顺序如下：首先是前额叶活动，然后传导至前运动皮层，这是运动计划阶段；接下来传导至初级运动皮层，然后发出肌肉运动的指示。

其他脑区参与到特定的运动当中。比如，讲话时，布洛卡区产生运动输出。对于大部分惯用右手的人来说，布洛卡区位于大脑左半球。然后是辅助运动区负责先前计划好的行动的精确序列和编程，以及前扣带皮层参与情绪、疼痛和运动。最后，人脑扫描的证据显示，那个名叫背外侧前额叶皮质的脑区是与决定何时及如何行动的主观体验唯一相关的脑区。

问题就在于此。科学能够揭示当感觉信息传入以及在运动计划和执行时处于活动状态的神经元。但决定行动感觉并不像神经元放电那样，无论放电是在前额叶皮质或大脑其他地方。它感觉就像有个其他东西——我自己，我的意识——使我可以随心所欲地作出反应。

这就是经典的自由意志问题。大卫·休谟称自由意志问题为形而上学中最具争议的问题。实际上，它据说也是哲学界讨论得最多的问题——可以追溯到古希腊，甚至更早。因为自由意味着责任，这个问题引起的感受也就非常强烈。我们认为自己是负责任的，我们也认为别人应对自己的行动负责，所有这些的前提假设是他们可以自由选择行为的方式。如果没有自由意志，那么人类的道德责任和法规似乎都会受到威胁。

这个问题部分取决于决定论。对许多早期的哲学家以及现代科学家来说，宇宙似乎是确定的，即所有事件都由先前的事件决定。如果真是这样，那么所有事情的发生都是必然的；如果所有事情的发生都是必然，那么自由意志就没有立足之地，因为我的所有行动一定都是事先确定的。这意味着选择做任何事情都是毫无意义的，另行其道也没有任何意义。

有些哲学家承认自由意志与决定论水火不容。他们认为要么是决定论错了（可能性不大，并且极难证明），要么自由意志一定是个幻觉（因为它等同于魔力——一种不可能的非物质的干预）。需要注意的是，在一个确定的世界中添加真正的随机过程（如在放射性衰变或量子物理学中那样）并不会给自由意志任何机会，因为如果这些过程真是随机的，它们就完全不会受影响。

相比之下，兼容论者发现在很多不同情况下，自由意志和决定论可以是同时正确的。例如，有些确定性的过程是混乱的。这意味着虽然结果完全由起始条件决定，但这些过程能够引出异常复杂、难以预测的结果，即使是从理论上也难以预测。另外，即使在一个确定的世界，人也需要作出复杂的选择。人同其他动物和某些机器一样，也是非常复杂的机体，必须作出许多决定。事实上，如果不这样，他们将无法生存。在有些兼容论者看来，这种决策足以为道义责任和法律提供基础。有人乐意将此当作自由意志。

那么意识在哪里起作用？从某种意义上讲，是意识让这整个问题更有价值。在有些人看来，人不同于其他动物和机器之处在于人类的自觉思维能力。他们相信，正是因为我们能够有意识地权衡各种可能性并考虑后果，所以我们拥有自由意志，并且能够对自己的选择负责。然而，这直接将我们带回到了同一个问题中。如果意识被当成成就自由意志的力量，那它就无异于魔力——在因果封闭的世界这种介入是不可能发生的。但如果意识不是这样的力量，那么我们拥有的种种意识控制的感觉就一定是幻觉。一些实验可以帮助我们确定哪种解释才是正确的。

有意识行为的时间进程

你完成了那个简单的伸臂屈腕的任务吗？如果还没有，你现在应该做一下，或者再重复几遍，因为这个简单的动作在心理学关于自发运动的研究史上可以说是尽人皆知。

1985 年，利贝特报告了一个数十年后仍在争论的实验。他问了这样一个问题：在一个人自发和故意地弯屈手腕时，是什么引发了这个动作？是有意识的决定在行动，抑或是某个无意识的大脑加工过程？为了找到答案，他让受试者重复至少 40 次这个屈腕动作，每次开始的时间由受试者自己决定。他测量了如下 3 项指标：动作产生的时间、大脑运动皮质开始活动的时间以及他们有意识地决定行为的时间。

前两项时间都很容易测定。动作产生的时间可以用手腕上的电极（肌电图）测定。大脑开始活动的时间可以用头皮的电极（脑电图）测定。脑电图可以探测到一个逐渐增强的、名叫“准备电位（RP）”的信号。难点在于测量受试者决定行动的时间，利贝特称之为 W（意志）。问题在于，如果你让他们大喊、按键或做别的动作，这个新动作的发出都会有一个滞后，就像屈腕运动一样。同时，作出喊的决定可能干扰正在测量的主要决定。利贝特因此设计了一个特殊的方法来测定 W。他在受试者前面放置了一个屏幕，上面有一个点在绕圈走，就像钟表上的指针一样。然后他让受试者看着那个时钟，并记下自己决定行动时点所在的位置。这样，他们可以在行动结束后报告在那个重要时刻屏幕上的点所处的位置。这样利贝特就可以确定他们决定行动的时刻。

那么最先发生的是哪一个呢？是 W 还是 RP 呢？你可能希望决定自己会期待哪个答案，因为它很可能体现你对自我、意识和自由意志的总体看法。

利贝特发现决定行动的时间 W 在行动前 200 毫秒（1/5 秒）产生，但准备电位大约出现在决定行为之前 350 毫秒，也即在行动前约 550 毫秒。换句话说，大脑准备运动的过程比人有意识决定行动的时间至少早 1/3 秒。从大脑的角度来看，这是一段很长的时间。在人有意识地决定运动之前一定产生了大量的神经加工过程。

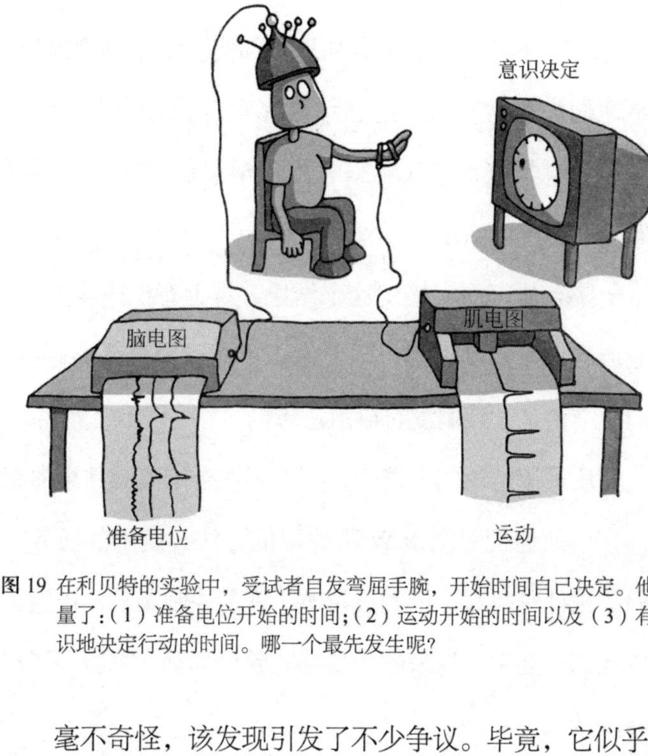

图 19 在利贝特的实验中，受试者自发弯屈手腕，开始时间自己决定。他测量了：(1) 准备电位开始的时间；(2) 运动开始的时间以及 (3) 有意识地决定行动的时间。哪一个最先发生呢？

毫不奇怪，该发现引发了不少争议。毕竟，它似乎威胁到“我们的决定引发了行动”这一关于意识行为的最基本假设。但如果你想想看，有意识的决定先于大脑活动这种想法简直就是一个魔法。这意味着意识可以凭空产生，并且影响脑部的物质活动。唯有二元论才允许这种情况发生，如笛卡尔、波普尔和埃克尔斯的理论。我们已经明白为什么这些理论让人看不到希望。

这表明任何人都不应对利贝特的实验结果感到惊讶。但是他们却非常吃惊。这些结果究竟意味着什么，哲学家、神经科学家、心理学家和生理学家都卷入了这场漫长而复杂的辩论当中。

一些人从表面上接受这个结果，认为意识来得太迟，不能启动自发运动过程，因此意识不能成为最终的原因。他们的结论是：我们没有自由意志。

在质疑该结论的人群中，有人试图否定实验结果的有效性，比如他们对测量 W 所使用的方法、使用的任务或实验的设计有争议。但利贝特做了许多控制实验，排除了其中大部分问题。后来的重复性实验也都基本上验证了利贝特的结果。

还有人认为实验结果不能放大到自由意志真正起重要作用的行为上。例如，在这项任务中，受试者只能选择**什么时候**行动，而不能选择采取**何种行动**。而且简单的腕部运动不能和起床或读书之类的复杂动作相提并论，更不用提诸如是否接受一个职位或如何培养孩子这类艰难的选择了。因此，人们争辩道，利贝特的结果并没有提供反对这类真正重要的自由意志的证据。

利贝特本人并不接受这些批评；他也不承认自由意志是一个幻觉。相反，他找到意识在自发行动中扮演的另一个角色。他注意到有时受试者报告他们在运动发生的前一刻取消了行动。于是他又做了另外一个实验来检验它。结果表明，在这种情况下，准备电位起初很正常，但是很快就减弱了，并在行动应该发生前的200毫秒内消失了。据此，他主张“自由否决”存在。他说，意识不能启动屈腕动作，但是可以阻止它发生。换句话说，我们虽然没有自由意志，但我们却拥有“自由否决”（free won't）。

利贝特认为这个发现对自由与责任具有重要意义。它意味着，我们虽然不能自觉地控制自己的性情或冲动，但我们能够自觉地防止其表现出来。例如，我们不应该仅仅因为想象要杀人、强奸或者盗窃而承担责任，因为这些冲动不在意识控制之下，但我们应该可以阻止这些事情发生，因为我们有意识否决力。这样，利贝特能够接受自己的实验结果，同时也不用放弃意识力的说法。事实上，他更进了一步，发展出“意识精神场理论”，主张主观体验是自然界独特而基本的属性；它是一种场，产生于大脑活动中，进而对脑部的活动施加影响。他声称，这个统一而强大的场能够解释意识的两个最困难的特征：精神活动的整合性以及我们的自由意志感。

最后，对该实验最尖锐的批评是认为它完全是在误导人，因为该实验建立在能够测定意识体验的时间这一错误想法上。正如我们在第三章所看到的那样，有关时间和意识的实验引出了种种困惑和相互矛盾的结论。其中一个解决办法是对意识的时间进程这种说法采取彻底的怀疑态度。要记得利贝特的实验的核心部分是测定 W，也就是决策出现在意识中的时刻，或者决策变得有意识的时刻。但是认为存在这样的时刻有道理吗？

整个测量意识体验的时间的想法都是有问题的，因为它假设存在两类时间：大脑活动产生的时间和这些大脑活动“变得有意识”或“进入意识”的时间。换句话说，如果你承认 W 能被测量，你就承认了意识体验不是大脑活动。

另一种办法是否认意识体验这个事件发生在特定的时间。这意味着对整个实验完全不同的解读。我们可以说受试者报告的是他们知道运动即将发生的时刻，但并不能说这是有意识决定的时刻。据此观点，意识意志不能启动行动不是因为它来得太迟，而是因为它不能独立于大脑里进行的各种过程，因此它并不是任何控制力或力量。

自愿的感觉

所有这些论证和实验都质疑意识是我们行动的起因的观念。但我们仍然一如既往地感到的确是意识引起了行动。所以，了解这种感觉是如何产生的或许会有帮助。当行动发生时，我们得决定这是由自己还是别人引起的。我们可能犯两方面的错误，但这两个方面都会对我们有所启示。

首先，我们会做一些事情，并错误地认为别人应该为此承担责任。1853 年，以研究电学而闻名于世的物理学家迈克尔・法拉第（Michael Faraday, 1791—1867）进行了一个关于意识控制问题的重要实验。那时，即 19 世纪中叶，正是人们对招魂术最狂热的时候。招魂术最初出现在纽约州的一个小镇上，后来传遍欧美大陆。媒体也大肆报道所谓的与死者灵魂进行交流的见证。当时一个广受欢迎的交流方式叫做“翻桌子”。

在这种招仙会上，几个人围坐在一起，双手平放在面前的桌面上。然后通灵者开始请神，并让它们介绍自己。然后桌子开始神秘地移动。大家可以问神灵很多问题，而神灵的回答则是通过轻敲桌子（一次代表“是”，两次代表“否”）或使用更复杂的字母代码来实现。随后这些人回家了，他们都相信自己已经与去世的父母、配偶或子女交流过。据报道，在最神奇的招仙会上，桌子不仅可以用桌腿敲地，它还可能倾斜，或单腿站立，甚至完全离开地板。

当然，指控其骗人的说法也很多。一些通灵者被发现秘密雇用同伙，使用伸缩棒或者隐藏的细绳。然而有些通灵者看上去没有任何机会作弊，甚至在表演期间被捆住或蒙住眼睛。法拉第想要找出其中的真相。毕竟，如果真的发现其中有一种新力量在起作用，这个发现能够改变整个物理学。如果逝者的意识真的能够移动一张沉重的桌子，他想知道这是如何实现的。

为了找出原因，法拉弟用软的黏合剂把一张张卡片粘在桌子上。如果坐着的人的手朝某个方向移动，黏合剂会微微下陷。他的逻辑是，如果神灵真的可以移动桌子，那么卡片将会滞后于桌子的运动；但是如果是坐着的人在推拉桌子，那么卡片的移动应该先于桌子的移动。结果非常清楚，卡片沿着桌子移动的方向移动了更远的距离。换言之，是坐着的人而不是神移动了桌子。

法拉第仔细询问了坐着的每个人，并确信他们并没有意识到自己做的事情。在接下来的实验里，他使用了一个量规来显示他们对卡片施加了多大的侧压力。当他们看到量规时，所有的运动都停止了。法拉第总结道，这些坐着的人并没有作弊，他们只是在使用“无意识的肌肉运动”。这个实验首次证明，我们有时会做一些自己认为没有做的事情。

同样的原理也适用于更为现代的显灵板。在显灵板上，各种字母和数字沿桌子边缘摆放，参与者把手指放在倒扣过来的玻璃杯的底部。当他们提问时，玻璃杯似乎能够在没有人有意识地控制它的情况下自己移动。产生这种情况的原因是因为手臂肌肉很容易疲劳，从而让我们难以觉察到自己手指的位置。当轻微的运动发生时，每个人都会调整自己手指的位置，从而造成更大的运动。这类调整颇为正常。实际上，它们对我们静止站立时保持笔直姿势，或者端稳一杯热茶起着至关重要的作用。没有哪块肌肉能够保持绝对静止，所以我们的身体永远处于不断的轻微运动状态，并伴随着不断的微调。

需要注意的是，无意识肌肉运动的存在并不意味着有一种叫做“无意识”的东西可以引起动作。它只是表明人们可以做一些自己意识不到的动作，因为他们的身体以及所有的多重并行控制系统都在一刻不停地工作。

在精神分裂症患者身上可以发现类似的错误，但是趣味性要逊色一些。精神分裂症是一种严重的精神疾病，在全球范围内都有发生，有 1% 左右的人口会受此影响。它之所以如此骇人是因为其导致个人控制感的缺失。精神分裂症最常见的症状是幻听，很多患者都听到有许多声音在对他们说话。有的笃信死者的亡魂、墙上的精灵或外星人在试图和他们交流；有的发现自己的想法被广播出去让所有人都听到；有的认为周围的人把观点塞进自己的头脑中。

大脑扫描实验已经表明声音刺激会伴随着大脑某些脑区的活动。这些脑区在人们想象某个声音的时候也被激活，因此，我们有理由假设他们正在想象某种声音。但他们却确信自己并没有这样做。如果能够发现这种幻觉是如何产生的，那么我们就会更接近于找到有效治疗精神分裂症的方法。

最后一个这类错误的例子来自于20世纪60年代所做的一个奇怪的实验。当时的脑外科手术往往需要打开颅骨才能接触到脑部的大部分区域。作为治疗的一部分，英国神经外科医生威廉·格雷·沃尔特（William Grey Walter, 1910—1977）曾在患者的运动皮层植入电极。然后他让患者控制幻灯机，并研究大脑此时的反应。在某些实验条件下，患者可以根据自己的意愿通过按按钮来看下一张幻灯片。在另外一些条件下，格雷·沃尔特从他们的大脑中取出信号，将其放大，并用这些大脑信号来翻看幻灯片。患者为此颇感不安。他们说，他们正想按下按钮时，幻灯片自己就换了。虽然实际上还是他们在控制幻灯片，但他们却没有这种自愿的感觉。不管这个实验还告诉了我们别的什么，有一点是可以肯定的，即意志感有时可能是错误的。

有意识意志的幻觉

人类能够异常迅速地作出这样的推断，即他们观察到的事件都是造物有计划、有意识地引起的。即使是幼儿也会对自己移动的物体和被其他东西推动的物体作出不同的反应；随着年龄的增长，他们会发展出所谓的“心理理论”，也就是能够理解他人拥有愿望、信仰、计划和意图。这就好像我们是被事先设定好来发现生物，并将动作的原因归给它们一样。的确，可能恰恰就是这么回事；这种能力的进化形成可能是出于一些积极的生物学原因。生存很容易取决于正确地把一个活动解读成无关动作或其他生物的有意行为。

运用这种能力会使人们很容易匆忙得出结论，即事件是由某种媒介引起的，但实际上不是这样。其实，动画片和电脑游戏的成功就有赖于此。人的这种思维方式使你一方面可以简单粗略地表现生物，另一方面也可以让你的观众激动地冲 Jerry[1] 叫喊，让它逃脱 Tom 的追击，或者是冲可怜的 Kenny[2] 叫喊，可别再次遇害了。把无生命的生

1 Tom 和 Jerry 是迪斯尼动画片《猫和老鼠》中的猫和老鼠的名字。

2 Kenny 是美国喜剧中心制作的《南方公园》中的四名主角之一，总会因某种原因死掉，但下一集又会复活。

物当成有思想的生物来谈似乎也是非常自然的。如果我说“我的手表认为是星期四”或“这个笔记本电脑决心要毁掉我的演讲”，没有人会觉得奇怪。丹尼特把这叫做“意向立场”（intentional stance）。也就是说，我们将其他人（或电脑、时钟、卡通人物）看成是有思想的。他认为，这通常是了解周围情形的一个有效捷径。

同样，我们也在自己身上使用该习惯。我们不仅是把愿望和意图加给他人，还相信我们有一个内在自我，他有同样的愿望和意图，并使事情得以发生。所以当我们感觉到已经让某件事发生时，我们的感觉是“我”做的。就进化而言，即使意志的中心是一个虚构也不要紧，只要它是一个有用的虚构就行。

同以往一样，我们可以从出错的情形中了解到许多有关大脑的加工过程。我们先前已经考虑过这样的例子，即人们引起了某件事，但却没有已经做过这事的相应感觉。还有些时候，情况则恰恰相反。

有一个例子就叫做“控制幻觉”，这在彩票和游戏中很常见。如果让人自己选择彩票的号码，他们感觉自己获胜的几率会更高。如果真的赢了，他们觉得仿佛是因为自己选对了才中奖的。同样，如果不是由于控制幻觉，赌场可能赚不到钱，因为正是这种持久的、认为自己的行为会产生不同效果的感觉让人们一直玩下去。相信超自然力也是受到控制幻觉的影响。举例来说，如果人们心理上想象某个结果，而且恰巧发生了，他们就会产生一种强烈的感觉——是自己引发了该事；如果他整晚都在思念自己的朋友，然后她打来了电话，他们就强烈地感觉到是自己的思念让她打来了电话。这种感觉可以很轻易就掩盖了从逻辑上对思想的长距离效应的否定。

超自然信仰

为什么人类这么容易相信鬼怪和神明？进化心理学家史蒂文·平克认为为了了解天气、太空、健康与疾病的模式，我们使用了为其他用途而进化的大脑和感觉系统。我们只是情不自禁地想使用意向立场，于是认为肯定有人引发了我们所看到的事情。

同样的本能倾向使得招魂术和精神见证如此具有欺骗性。心理学家理查德·怀斯曼（Richard Wiseman）重现维多利亚时代的招仙会时，里面那些坐着的人看见了黑暗中漂浮的物体，感觉到有东西触摸自己的皮肤，听到钟声响起，就认定神灵已经在他们中间移动。这些现象都是魔术师伪造的。但是即使不信神灵的人也会被这个伎俩所迷惑，因为当我们看到物体移动时，我们猜想一定有人在移动它们。当物体移动方式像有人带着它走路那样时，我们就会想象有个人在那里。这样，鬼和神也就很容易被召唤出来了。

正是**我们自己的**想法导致了行动，这种感觉甚至更加强烈。心理学家丹尼尔·魏格尔（Daniel Wegner）将有意识的意志体验比作另一种因果判断形式。他认为，自由意志是一个幻觉，由我们所犯的一个大错引起。幻觉的发生可以分成 3 个阶段，尽管每个阶段都可能出现得很快。首先，我们的大脑开始酝酿一个行动。其次，大脑活动引起对该行动的思考。最后，行动出现——刚好这时候（好比魔术师说“变”的时候），我们匆忙作出自己有意识的思考导致了行动这一结论。

让我们假设你决定拿起电话打给你的朋友。首先，大脑活动开始计划这个行动（这可能由先前的脑部活动和外部事件导致）。这一大脑活动引起打电话的想法。最后，你伸出手拿起电话。你就匆匆得出这个错误结论：有意识的思想引起了行动。

难道果真如此吗？魏格尔设计了好几个实验来一探究

竟。他提出自愿体验的发生有 3 个前提条件：思想必须在行动前；思想必须与行动一致；行动不能伴随其他原因。为了检验这些假设，魏格尔根据传统的显灵板的启发设计了一个实验，它与法拉第的翻倒桌类似，也是依靠无意识的肌肉动作。在魏格尔的实验中，玻璃杯被一个装在鼠标上的小板子所替代。两名参与者把手指放在板子上，并通过这个小板子移动了屏幕上的光标。屏幕上有约 50 个小物体。他们通过耳机听到物体的名称，并要一直移动鼠标直到听到停止的信号。事实上，其中一名参与者是实验者的同伙，他在控制何时停止。这让魏格尔能够证明在某些条件下受试者完全确信是自己停止了鼠标，但其实是另有其人。正如魏格尔所预言的那样，当停止信号正好出现在他们听到那个物体的名字之后，他们就会产生是自己停止了鼠标的感觉。

魏格尔声称有意识意志的幻觉犹如变戏法一样，其产生的原因也完全一样。魔术师可以让观众相信他们选择了卡片，或者自己想出了号码，我们在日常生活中也同样会上当。魏格尔的结论是：相信我们有意识的思想引起了我们的行动，这是一个错觉。无论你同意与否，这些揭示出

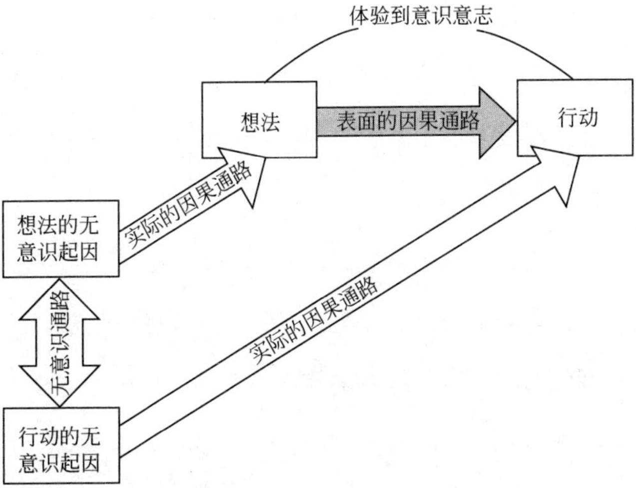

图 20 有意识意志的幻觉。魏格尔认为，无意识的过程既产生了有关行动的思想，也产生了行动本身。我们于是错误地推断出是我们的想法引起了行动。

我们所犯错误的例子肯定了一点，即用意志做某事的感觉既不能证明自由意志的存在，也不能证明它不存在。

如果你对此表示赞同，并也认为自由意志是一个幻觉，那你该怎样度过你的一生呢？有些人的结论是既然做任何事情都是毫无意义的了，还不如干脆放弃。但上述论断并不必然得出这种想法，何况这也不容易实行。如果你觉得你不如放弃，那么问问你自己打算做什么，因为你必须面对这样的事实——你不能完全什么也不做。整天躺在床上不是什么事都不干，你得起床吃东西或上厕所。结束你的生命也不是什么也不做，何况这既不容易也不愉快。勇敢地面对没有自由意志这种信仰的生活，忘掉这个幻觉会变得容易些。

这又怎么样？即便自由意志从理论上讲是一个幻觉，它也是一个非常强烈的幻觉，因此自由的感觉也会一直持续，即使对不再相信自由意志为真的人来说也同样如此。有时这类人会说，他们过着自由意志“仿佛”存在的生活，“仿佛”他们和别人都拥有自我。那样，他们可以坦诚面对生活，无需相信一些他们知道不可能为真的东西。对另外一些人来说，这种感觉终会消失。

第七章

异常的意识状态

睡眠与做梦

虽然有人声称从不做梦，但事实上每个人都会做梦。证据很容易找到。如果在大脑出现快速眼动（REM）睡眠的典型特征时将这些自认为不做梦的人唤醒，那么他们几乎肯定会报告一个梦。所以不做梦的人实际上只是健忘；大不相同的是对梦的回忆，而不是做梦本身。另一种证明方式是给他们纸和笔，请他们每天早晨都记下醒来后回忆起的所有事情。任何人都可以做到这一点，得到的结果往往是对梦的回忆的急剧增加。短短几天后，大多数人会发现自己已陷入梦的沼泽，并颇愿意回想起有点儿不那么可靠的回忆。

在典型的一晚的睡眠中，大脑在四个非快速眼动睡眠阶段中循环往复。首先通过阶段一到四，然后回到第一阶段，接着进入快速眼动睡眠时期。这种模式一晚上会重复四五次。如果在不同的阶段唤醒人们，他们会描述不同的体验。在快速眼动睡眠期间，他们通常说自己在做梦，虽然不是那么绝对；而在非快速眼动睡眠期间，他们可能会描述自己正在思考或琢磨一些事情，观看颇为静止的图画，或什么也没做。儿童，甚至婴儿，也会表现出同样的生理阶段，但是做复杂而生动的梦的能力则是随着认知能力和想象力的发展而逐渐发展起来的。

目前人们对睡眠的生理过程以及某些病理机制都有较深认识。但如果把睡眠当作一种意识状态，这些知识只是掩盖了一幅不那么确定的图画。

与意识一样，意识状态和异常的意识状态（ASCs）的观点看起来再明显不过。比如，我们都知道醉酒或发烧到神志不清时的感觉有异于正常状态。即便没有亲身经历，我们也可以猜出吸毒后轻飘飘的感觉，或处在某种神秘体验时的感觉，一定是不一样的。我们因此称它们为异常的意识状态。

但是任何试图界定异常的意识状态的努力都会立即

遇到问题。有两种明显的方式可以尝试。首先，你可以进行客观的测量，例如一个人喝了多少酒，或者对他使用了哪种催眠方法。这种方法并不理想，因为有可能两个人在喝完同样多的酒后，一个烂醉如泥，而另一个什么事儿都没有。同样，感应技术对不同的人的效果也不尽相同，有些人根本不受影响。很少有意识状态伴随着独特的生理模式，因此测量大脑的状态只会得到令人迷惑的结果。行为测量也没有帮助，因为人们可以声称自己正处于深度的异常状态，而行为上却没有任何明显的变化。无论是哪种情况，所有这些客观的测量似乎都没有意识到一点，就是异常的状态是**你**所感觉到的，是个人私自拥有的。

为此，人们往往倾向于采用主观的定义。例如，心理学家查尔斯·塔特（Charles Tart）将异常的意识状态定义为“整个心理功能模式的质的改变，体验者感觉到其意识功能与正常情况下截然不同”。当然，这个定义把握了异常意识状态的要旨，但同时也产生了新的问题。比如，如何知道什么是“正常”状态。同时它还需要解释，为什么在某些情况下，有些人（在别人看来）明显处于一种怪异的状态，但他们却声称自己感觉完全正常。

同样令人奇怪的是，当我们来看做梦这个最明显的意识状态时，该定义也同样碰到了问题。普通的梦最显著的一个特征是，我们不觉得自己的“意识处于截然不同的状态”，至少做梦的时候不这样想。只有到后来，我们才醒过来，并且说“我一定是做了个梦”。为此，有人甚至怀疑梦境能否算作一种体验。毕竟，我们当时似乎并没**体验到**它们——只是后来**记住**了。那么梦真的是像它看起来那样发生的吗？还是只是在醒来的时刻被人们编造出来的？我们能知道吗？

有意思的是，我们有找到真相的办法。例如，我们可以在人们的梦中添加某些成分，比如给他们播放一些声音或者往他们的皮肤上滴水。有时，他们后来会报道自己梦到了教堂的钟声或者瀑布。如果让他们估计这些事件发生的时间，结果会显示梦的确发生在它看起来应该发生的时刻。

一个更好的方法是研究极少数那些能随心所欲做清醒的梦的人。所谓清醒的梦是指你在做梦时就知道这是一个梦。调查显示，约有 50% 的人声称做过清醒的梦，有

20% 的人经常做清醒的梦。对于那些从来没有做过清醒的梦的人来说，这种说法听起来相当奇怪。当某件奇怪的事情正在发生，而做梦的人开始感到疑惑时（如我怎么会来到这座建筑的顶部，以及为什么我的祖母会在这里，我以

图 21 处于睡眠性麻痹状态时，全身的肌肉都处于麻痹状态，只有眼睛可以动。大多数文化都有关于睡眠性麻痹的神话。如《纽芬兰的老女巫》就是描绘一个像魔鬼一样的老妇人出现在夜间，她可以压住睡觉者的胸部以防止他们移动。

为她已去世），一个典型的清醒的梦就开始了。与我们通常做梦时都会接受这些奇怪的事不同，做清醒的梦的人意识到这不可能是真的。这种意识改变了一切。梦境变得更加生动，做梦的人感觉自己更像在正常清醒的状态，他们甚至能够控制梦的进程。此刻，许多人开始飞翔，享受乐趣。但清醒的梦并不会持续太久，大多数人会很快回到平常做梦时的无知状态。

有少数非常难得的擅长做清醒的梦的人参加了一个实验室研究。他们在研究中学会如何根据梦的内容发出一定信号。在快速眼动睡眠期间，几乎全身的肌肉都处于瘫痪状态，否则你可以把梦的内容表现出来。但这时你的眼睛仍然在动，呼吸也仍在进行，因此有时候，正在做清醒的梦的人可以通过移动眼球来发出信号。这就使得实验者能够测量梦开始的时间，并观察做梦期间的大脑活动。总的说来，这些研究证实了梦发生的时间是实时的；同时它们也表明，无论人们在做什么梦，如沿街跑步、打网球、唱歌等等，大脑的反应模式确实和他们真的在做那些事一样。不同的是，他们并不是真的在做。

梦是一种体验吗？

目前还没有普遍接受的梦的理论。此外，还有一些奇怪的事实有待解释。例如，在醒来时，我们记得自己做了梦，但当时并没有意识。虽然实验表明梦在实时地进行，但很多奇闻轶事里描述的梦都是在醒来的那一刻编造而成的。最有名的例子是法国医师阿尔弗雷德·莫瑞 (Alfred Maury, 1817—1892) 的梦。他梦见自己在法国大革命中被拖上了断头台，结果醒来时发现自己的脖子被压在床头下。

有一个理论允许两者都是真实的。在快速眼动睡眠期间，大脑里发生了很多平行的加工过程，其中没有一个是‘在’或‘不在’意识里。苏醒时，通过选择记忆里残留的很多片断，我们可以编造出许多故事。最后所选的故事只是众多候选故事中的一个。没有任何实际的梦，也没有任何故事真的发生在“意识中”。根据这个“回溯选择”理论，梦并不是穿越沉睡心灵的体验流。

快速眼动期间的麻痹还会带来另一个后果。有时人们在麻痹消失前就醒来，结果发现自己无法动弹。这被人们称为睡眠性麻痹。如果你不了解它，这种体验会非常吓人。它通常伴随着辘辘或碾磨的声音、阴森的灯光以及有人在身边的强烈感觉。大多数文化中都有睡眠性麻痹的神话，如在夜里坐在人胸口上的纽芬兰老女巫，或者中世纪传说里的男女梦淫妖。现代版的例子则是被外星人绑架的体验——一种在半梦半醒之间、并且处于极度痛苦的麻痹状态时所编造出来的生动体验。

药物和意识

药物对意识的影响为意识取决于大脑提供了最令人信服的证据。这看似再明显不过，但我提出这一点是因为有许多人认为他们的精神独立于大脑，甚至能够在死后继续存在。一旦明白精神类药物的效果后，这种理论就站不住脚了。

精神类药物是影响心理功能的药物，在每个已知的文化中都可以找到。人类似乎在寻找改变自身意识的方法中找到了无穷的乐趣。如果使用不当，许多精神类药物都可能带来危险，有时甚至是致命的。大多数文化都拥有非常复杂的程序、制度和传统来限制谁、在什么情况下以及采取什么准备措施后才可以吃哪些药。现代西方文化则是一个例外，在西方，对精神类药物的禁止意味着此类天然的保护系统未能发展起来。许多烈性的精神类药物可以在大街上买到，年轻人在没有任何认识或采取任何保护措施的情况下服用。

精神类药物可以分为几个大类，各有不同的效果。麻醉剂可以完全消除意识。最初的麻醉剂是结构单一的气体，如一氧化二氮，或笑气；虽然高剂量下会引起昏迷，但在低剂量下，很多人都宣称它能够产生神秘状态，并增强哲学洞察力。现代的麻醉药品通常分为三类，分别能减少疼痛、放松和消除记忆。

有人会认为研究麻醉剂会是一个了解意识的好方法。我们可以系统地增加或减少剂量来观察相应的意识状态。事实上，我们现在很清楚，虽然麻醉剂的原理五花八门，但它们大多会影响整个大脑；没有迹象表明大脑有一个"意识中心"或某个特定的大脑过程被开启或关闭。

其他精神类药物用于精神病人，包括安定药、抗抑郁药和镇静剂。有一些镇静剂和其他一些镇静剂已被滥用为毒品，这些都是能抑制中枢神经系统的药物，其中包括酒精（有兴奋和抑制双重功能）和巴比妥类。麻醉药包括海洛因、吗啡、可待因和美沙酮。它们的作用类似于大脑中的内啡肽——一种与压力和奖赏有关的化学物质。这些药品会让有些人感到非常愉快，但极易成瘾。

兴奋剂包括尼古丁、咖啡因、可卡因和安非他明。其中大多数也都极易成瘾。为了达到同样的效果，你必须不断增加剂量。中断药物会引起痛苦的症状以及对药物的渴求。可卡因通常是用鼻子吸食，但也可以变成可以抽的“快克”，这样见效更快，因此效力更强，也更容易上瘾。安非他明是一个大类，包含许多现代的化合致幻药，其中一个例子是麻黄素（MDMA），也叫摇头丸，它兼具刺激、迷幻和改变情绪的效果。

从理解意识的角度来看，致幻剂是最有意思的药品。“致幻剂”这个词也许不太恰当，因为有些药物根本不会让人产生幻觉。实际上，严格地说来真正的致幻剂会让体验者混淆幻想与现实，如精神分裂症患者笃信她头脑中听到的声音来自所处房间的墙壁。根据这个定义，大多数致幻剂只是产生“伪幻觉”，因为使用者依然知道它们都是不真实的。因此，这些药物也被称为迷幻药（让人敞开心扉）或松弛剂（让人精神松弛）。

大麻，有时也称为小迷幻剂，自成一类。它是从美丽的大麻作物中提取出来的。5,000多年来，这种植物一直被当作药材和编织绳子和衣服中用到的硬纤维原料。许多19世纪的艺术家在其作品中使用过大麻；维多利亚时代的人也曾用它入药。在20世纪，很多国家宣布它为非法。尽管如此，它仍被广泛使用。通常它被做成大麻（晒干的叶子和雌花头）或哈希什（从大麻上刮下的树脂、花粉、树叶或花的粉末混合而成的固体）吸食。哈希什也可生吃、做熟了吃或溶于酒精、牛奶之中。

大麻的主要活性成分是δ-9-四氢大麻酚，同时也包含了60多种大麻化学成分和其他许多对大脑和免疫系统略有不同影响的成分。这些成分还会产生交互作用。大部分成分都是脂溶性的，可以在身体里停留数天甚至数周。大麻的药效很难形容，部分原因在于这些效果复杂多变，部分原因在于使用者认为任何言语都难以解释发生的一切。有些人吸食大麻后产生狂想症。由于人们不断培植出药效更强的大麻作物，这种情况似乎也在不断增加。但对大多数人来说，大麻的影响相当微妙，包括放松、感觉增强、简单感知的愉悦性提高、易笑、性快感增强、对人敞开心扉、时间的流逝变慢以及各种影响记忆的效果。实验表明，大麻会导致主动性降低，短时记忆严重受损。

这种使用如此广泛的娱乐性药物的效果会如此模糊不清，这似乎有点奇怪。当然，我们还缺乏科学的意识理论来充分解释人们吸食大麻后意识所发生的变化。

主要致幻剂的效果则强烈得多，通常也更持久、更难控制，这或许是它们使用没那么广泛的原因。致幻剂包括二甲基色胺（DMT，南美发现的致幻剂死藤水的一种成分）、墨西哥致幻毒素（发现于“神奇蘑菇”中），麦司卡林（发现于仙人球毒碱中）和许多合成药物，包括 LSD（麦角酸酰二乙胺）和各种苯丙胺类和色胺类毒品。这些毒品大多类似于四种大脑神经递质中的一种，包括乙酰胆碱、去甲肾上腺素、多巴胺和 5- 羟色胺，同时还能与其功能产生交互作用。在超大剂量服用时它们都是有毒的，并能加剧原有的精神病症状，但它们一般不会让人上瘾。

最著名的致幻剂恐怕要算 LSD。LSD 出名于 20 世纪 60 年代，当时人们崇尚“打开心扉、加入迷阵、脱离现实”。LSD 会诱发持续大约 8 至 10 小时的“旅程”（即迷幻感觉）。称其为“旅程”是因为它持续的时间似乎没有尽头，常常给人的感觉是好像穿越人生的一次伟大旅行。不仅颜色会变得更加鲜艳，普通物体也可能具有奇异的形状：如壁纸扭成彩蛇，驶过的汽车变成长有50英尺长的翅膀的飞龙。这种幻觉可以让人感到高兴和荣耀，但也可能是极度恐惧，从而导致一次“糟糕的旅程”。它常常会产生一种超自然的感觉，并伴随着神秘的幻觉以及平常的自我感的消失。人似乎成为一种动物或另一个人，或完全融入整个宇宙之中。LSD之旅不是轻轻松松就可以走完的。

1954年，《勇敢新世界》的作者奥尔德斯·赫胥黎（Aldous Huxley，1894—1963）首次服用了麦司卡林，并形容它打开了“感知的大门”。普通的东西变得色彩斑斓和稀奇古怪；周围的一切都变得不可思议，整个世界在其自身的“所是”里显得那样完美无缺。他的描绘类似神秘主义的体验。确实有人把这些药品形容为“恩斯阿金”[1]，或心中神的释放剂。

1 恩斯阿金（entheogen）一词源于古希腊的entheos和genesthai。entheos的字面意思是神（theos）在心中，也可以翻译为“受启示的”。希腊人用这个术语来赞美诗人和其他艺术家。genesthai是“造成”或“变成”的意思。因此，恩斯阿金的意思就是“将神（或神灵的启示）带到人心中的事物”。

这就引出一个有趣的问题，即药物能否诱发真正的宗教体验。在一个著名的研究中，美国牧师兼医师沃尔特·帕恩克（Walter Pahnke）在传统的周五弥撒中给20名神学院的学生服用了一些药丸。一半的人服用安慰剂，他们只有轻微的宗教体验；但另一半人服用墨西哥致幻毒素，其中8人报告说有强烈的神秘体验。批评家认为这在某种程度上比不上“真正的”神秘体验，但这就意味着我们知道“真正的”神秘体验是什么样子。

超常体验

从灵魂出窍体验到神游和幻想，大批人（约30%至40%）报告自己有过生动的、自然产生的异常意识状态，这一点让人非常惊奇。这有时也被称为“超常人类体验”，特别是当它们涉及到一个人自我感的改变以及它们与世界的关系的改变时。

灵魂出窍体验（OBEs）是指人感觉到自己似乎已经离开身体，从身体外面的某个地方观察整个世界。约有20%至25%的人声称至少有过一次这样的体验。虽然有时人们报告似乎在进行长途飞行或进入到其他世界，但这种体验通常都很短暂。灵魂出窍体验通常是令人愉快的，尽管有时也会很吓人，特别是伴随着睡眠性麻痹的时候。

需要注意的是，这个定义并不一定意味着真有什么东西离开了身体，这只是人的感觉而已。在这一点上，不同的理论之间存在很大的分歧。例如，有些人相信他们的精神、灵魂或意识已经离开自己的身体，并且能在身体死亡后继续生存下去。根据“星体投射”理论，一个微小的“星体”已经从身体的器官中取出来了。许多实验都试图检验这一想法，但均未获成功。例如，科学家使用了很多探测器，包括物理仪器、体重计、动物和人等等，都没能可靠地检测到星体或灵魂。另外，如果让有灵魂出窍体验的人看隐秘的数字、字母、物体或场景等目标，虽然许多人都自称能看到，但他们的描述的准确性一般不会超过概率水平。这并不能证明没有东西脱离了身体，但可以肯定的是没有令人信服的证据表明有东西脱离了身体。

心理学理论用个体身体意象和现实模型的改变来解释

灵魂出窍的体验。据发现，容易梦见自己鸟瞰世界或善于想象各种变换了的视角的人更可能产生灵魂出窍的体验。灵魂出窍的体验几乎任何时候都可能发生，但最常见的是在快要入睡、深度松弛、恐惧或感受到压力的时候。通过电刺激大脑右颞叶那部分负责建构和控制身体意象的脑区也可以产生灵魂出窍的体验。

有时人们在濒临死亡时会报告一系列奇特的经历，它

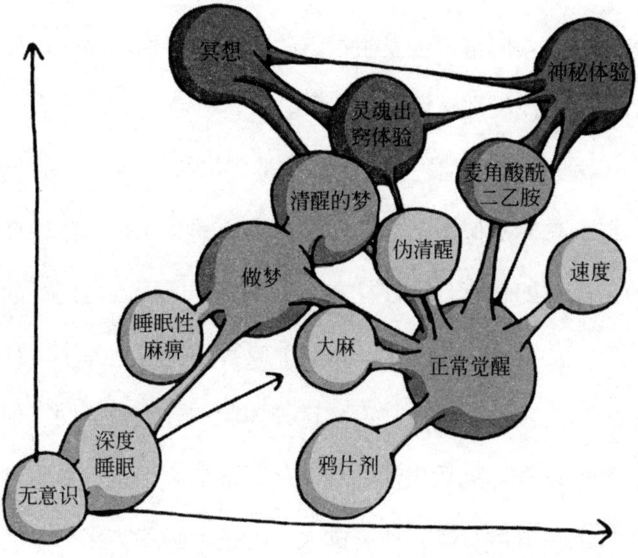

图 22 意识状态能被映射吗？从一个状态变化到另一个状态感觉就像是在一个广阔的多维空间里运动一样，一些状态容易达到，另一些则非常遥远。许多人试图绘制这种地图，但很难知道相关的纬度。

们被统称为濒死体验（NDE）。虽然顺序可能略有不同，并且也少有人能够感受到全部体验，但濒死体验最常见的特点是：沿着一条黑暗的隧道或穿过一个黑暗的地方，走向明亮的白光或金色的光；看着别人救活自己的身体或在上面做手术（灵魂出窍体验）；喜悦、被接纳或极度满意的心情；一生中各种事件的闪回或全景回顾；看见另一个世界——里面是已经死亡或被称为“光之灵”的人；最后决定回到自己的生活，而不是进入那个世界。经过这样的体验后，人们常常会发生很大的变化，自称不那么自私或功利了，也没那么惧怕死亡了。

濒死体验的报告来自于不同文化和不同年龄的各种人群，总体上似乎都非常相似。主要的文化差异体现在细节上。例如，基督徒往往看见的是基督或天国之门，而印度教教徒会遇到主罗摩（Ram）或看到自己的名字写在一部大书上。信教者往往声称这种体验的一致性证明了他们信仰的宗教对死后生活的看法是正确的。但是，对这种一致性的更好解释是：所有的人，无论年龄和文化有多大差异，都有相似的大脑；而所有的大脑对压力、恐惧、缺氧和其他许多诱发濒死体验的因素所作出的反应模式都是相似的。

所有这些诱因都会释放内啡肽，从而产生愉悦感，同时也会引发大脑多个脑区随机的神经活动。随机活动的效果取决于所在的脑区：视觉皮层的活动产生隧道、螺旋和光（致幻类药物也产生类似的神经效应）；颞叶活动导致身体形象的改变和灵魂出窍体验，同时也能够打开记忆的闸门；其他脑区的活动能引起不同的幻觉，其内容取决于人们的期待、先前的心理状态和文化信仰。毫无疑问，很多人确实被濒死体验所改变，通常是往好的方面改变。但这可能是由于大脑的巨大变化，以及他们不得不面对自己的死亡这一想法所引起的，而不是因为他们的灵魂短暂地离开身体所引起的。

人不需要濒临死亡才能获得如此深刻的体验。许多颇为普通的人在日常生活中也有相当不寻常的体验。如果这些体验与天使、神灵或者上帝有关，它们通常被称为“宗教体验”，如果没有则被称为神秘体验。目前还没有一种简单方法来界定甚至描述神秘体验。人们往往认为它们不可言状或难以形容，涉及到超自然感，并传达一种意想不到的知识或对宇宙不能说清的理解。也许该体验的最核心之处在于自我感的改变，无论这是表现为独立自我感的完全消失，还是与宇宙完全合一的感觉。

这些体验通常都是自发产生的，并且持续时间非常短暂，但有些方法可以使这些体验更容易发生，或可以逐渐引发类似的心理状态。

冥想

冥想通常给人的印象是盘腿而坐，进入深度的放松状态并与世隔绝。有的冥想是这样，但还有很多别的种类，包括步行冥想以及一些比较警觉和积极的形式。

冥想以前主要是在宗教背景下进行练习的。尽管基督教、苏菲派和其他宗教的沉思传统中也有类似方法，但冥想在印度教和佛教中体现最为突出。今天有许多非宗教的冥想形式，大多是作为放松和减压的方法而加以提倡的，其中最著名的是超脱静坐（TM）。

大多数冥想都会采用特殊的坐姿，如莲花坐或半莲花坐，即双脚或一只脚搭在对侧的大腿上。不过，很多人采用相对简单一些的打坐姿势，如使用硬座垫、或者坐在矮凳上并将双脚放在下面。这些坐姿并无什么神奇可言，它们却有一个共同的目的，即是为了提供一个既轻松、又不失警觉的姿势。打坐通常面临两种危险：要么变得昏昏欲睡并睡着，要么由于某些杂念的搅扰而变得兴奋或坐立不安。特殊的坐姿能保证坐得稳、脊椎笔直和呼吸顺畅，从而有助于避免上述两种危险。

那冥想对精神有什么影响呢？技术不同效果也是千差万别，虽然有时人们认为它们都有一个共同的目标，那就是抛弃种种念头并训练注意，但这两者都不容易达到。如果你从未尝试过冥想，你也许会想做下面这个练习：低头，一分钟内什么也不想。

结果会怎样？你完全无法照着做。思绪像从内心喷涌而出，注意被外面发生的事情所转移，心思几乎没有一刻是安宁的。这也许并不令人吃惊。毕竟，我们大脑的进化是为了应对世界和保证我们的安全，不是为了听从指挥保持安静。尽管如此，经过大量的训练，还是有可能排除一切干扰并保持内心平静的。

大多数冥想都需要学习如何抛弃不必要的想法。这里最好的忠告是：不要试图同它们争斗，也不要以任何方式同它们有牵连，仅仅是让它们走开就可以了。这可以当作整个训练方法的全部，但由于做起来并不容易，所以人们还发展了其他各种技术。专注式冥想采用了别的方式来保持注意，也就是让心灵有事可想。这可以是像超脱静坐一样，使用一个咒文（反复默念一个词或短语），或者也可以使用某个物体，如石头、花、蜡烛或宗教符号。最常见的办法是数呼吸的次数，就是留意自己自然的呼吸，感觉空气的进出，然后开始数呼吸的次数，从 1 数到 10。数到 10 以后，回到 1 又重新开始。

其他种类的冥想不需要任何额外的辅助。例如，在禅宗里，常见的做法是双眼半闭地坐着，注视白墙。这么做的目的是“仅仅坐着”——这不是很多人都可以做到的。冥想时双眼可以睁开也可以闭着。闭眼的危险是你有可能进入到大的幻想之中而毫无察觉，或者干脆睡着了。睁眼虽然比较容易保持警觉，但是其危险是容易被搅扰。

所有这些做法的意义是什么呢？许多人练习冥想是因为他们认为冥想可以帮助他们放松和应对压力。事实上，成千上万的实验已经研究了冥想的效果，结果相当令人吃惊。如果对放松进行标准的测量，如心率、呼吸、耗氧量、皮肤电或大脑活动，人们发现冥想并不比静坐、阅读或听音乐更让人放松。实际上，它甚至可能使人处于高度觉醒状态，比如当不必要的想法不断冒出来而冥想者又拼命控制自己的情绪时。显然，在短期内冥想似乎远非一个迅速缓解压力的方法；如果你想减轻压力，更好的方法可能是多锻炼，而不是冥想打坐。

但是从长远来看，冥想的效果则更为深远。那些已练习冥想多年甚至数十年的长期打坐者确实会进入到深度的放松状态。他们的呼吸频率可降至每分钟 3 次或 4 次，脑电波会从平常的 β 波（清醒状态）或 α 波（平常的松弛状态），放慢到慢得多的 δ 波和 θ 波。但多年练习冥想的人通常不只是为了寻求一种放松方式。他们通常是出于宗教或神秘的原因。也就是说，他们冥想是寻求救赎、帮助别人或是获得顿悟。

佛教的冥想当然是这样，禅宗更是如此。禅宗是佛教的一种，但其宗教成分已经少了很多，并且享有用艰苦的方法直接洞察心灵本质的美誉。有的禅宗学生练习静默照禅，学习静心以直接洞察意识的本质。其他人则使用一些称为公案[1]（koan）的特殊故事或者问题。这些问题通常不是可以依靠智力回答的问题，甚至难以按一般意义去理解。相反，这些问题能让提问者进入一种深度的质疑和困惑状态，从中产生出新的洞见。最终极的公案恐怕非“我是谁？”莫属。这是一个自我否定的问题，它让冥想者深入洞察瞬间的体验。找不到明显的“我”只是漫长旅途的第一步。

在练习禅宗的过程中，人们报告了很多受到教化的体验，很多传统观念被打破，并以全新的方式看待世界。但这些体验可能只是暂时的，很像自发的神秘体验。禅宗的终极目标据说是得到完全的启示，彻底抛弃二元论的幻觉（独立的自我和有人在行动的幻觉）。

这种实践给意识科学提出了一些引人入胜的问题：我们能否研究冥想状态下大脑活动的变化，并进而了解真相？是否真的存在不同的阶段，或者是不同的人采取不同的路线？是否真如人们所宣称的那样，经过冥想以后，人们变得更富同情心和不那么自私了吗？最吸引人的可能

1　公案，在佛教禅宗中，以似是而非的形式出的谜语，能帮助思索，同时也是获得直觉性知识的一种手段。

是，他们的领悟是真实的吗？在神秘体验和长期打坐中，人们形容自己看穿了独立自我的幻觉，或者看到世界真实的一面。他们对吗？这与意识的科学研究中还在努力探讨的幻觉是同一回事吗？现在我们能说的是：意识研究还远没有发展到能回答这些问题的程度，但至少我们可以开始提出这些问题。

第八章

意识的演变

这是多么美好的一天！你凝望着森林里的一棵大橡树，绿叶在微风中翻飞招展，斑斑点点的树阴在地上跳舞，小鸟在树枝间飞来飞去。更近些瞧，你看到树干上错综复杂的树皮纹路，瞥见一只小甲虫快跑着想躲藏起来。你闻到撒满橡树果的泥土的芳香，感觉到湿润的空气围绕在身旁。这是你的意识体验。这棵树为你而存在。

但是甲虫有什么体验呢？还有那些鸟，藏在树上睡觉的蝙蝠以及隐藏在草丛中的蛇？在动物的眼中，这个世界究竟是怎样的呢？我们很想知道答案，问这样的问题似乎也很合理。问题是我们无法知道。这正如我们问“成为一只蝙蝠会有什么体验？”一样，仅仅想象你是一只蝙蝠或一条蠕虫是毫无用处的。这是一个关于动物意识的问题。这里它实际上包含两方面的问题：一是哪些生物拥有意识，以何种方式拥有意识；另一个问题是意识是从什么时候开始演变的，又是如何演变的。

我们可以考虑各种各样的造物，并问它们是否有意识，这或许会有所帮助。让我们首先从躺在树下的石头开始。说成为石头并没有什么体验，大多数人都会同意。实际上，四周的泥块以及从树干上脱落的树皮都是如此。然而泛灵主义者认为宇宙中的一切事物都是有意识的。因此在他们看来，没有无意识的造物，意识从一开始就一直存在。

但是树呢？大多数人会说树木和其他植物都没有意识。但我们有理由说意识的首要特征是拥有感知并与世界互动，而树木是可以感知世界的。它们能对重力、光线、温度和湿度作出反应。如果快速放映一段橡树果从萌芽到长成大树的影片，我们将会看到小小的幼苗扭曲着向上探寻，鲜嫩的叶子寻求阳光。因此，我们更会倾向于认为树可能拥有意识。类似的论证也适用于地衣、藻类，甚至细菌。

那下一个是什么呢？如果有几个人试图根据意识程度的高低从低到高给各种生物排序，他们不会达成一致意见。有人会将婴儿排在最后因为他们尚未学会很多东西，而其他人会考虑到宝宝的潜力而将他们排在非常靠前的位置。有人会把黑猩猩放在很靠前的位置，因为他们与人类非常相似；另一些人则会说乌鸦、鲸鱼和海豚更聪明，而聪明才是衡量意识的重要指标。

还需要考虑的是动物具有的不同感官。比如蛇有敏锐的嗅觉，而另一些动物拥有特殊的器官可以感知红外线，因此能够捕获猎物。鸟几乎没有嗅觉，但它们可以看到人类无法看到的紫外光。事实上，许多鸟都拥有四色视觉系统，这使它们能够比拥有三色系统的人类看到更丰富的颜色。看到人类看不到的颜色会有怎样的体验？我们甚至难以想象这种情形，因为我们得利用大脑的视觉系统来进行想象，但这个系统缺乏对紫外光的表征。

与此同时，与鸟类和哺乳动物只有单一的眼球不同，昆虫的复眼包含了成千上万独立的镜片。它们也能看到紫外光。许多昆虫都有敏锐的嗅觉，它们用带有气味的臭迹将同伴引到有食物的地方，或用信息素进行交流，并通过触角探测这些化学物质。它们的体验会是怎样的呢？用敏感的触角嗅到腐烂的老鼠尸体会是怎样的一种体验呢？对那些将卵产在动物尸体身上的苍蝇来说，这种臭味大概极具吸引力。从对其他动物的感觉器官的了解中我们一定会作出这样的论断：在那片森林里，每一种造物都会有完全不同的体验。它们各自都栖息在一个完全不同的环境中或客观世界中。

我们可能还是忍不住会问这个问题：哪些动物才真正拥有意识？一方面，意识可能是一个走极端的现象，一

图 23 成为猫头鹰、蜘蛛或蛇会有怎样的体验？这些动物都有适于自身生活方式的感知系统，并活在自己的环境中或客观世界中。但它们有意识吗？我们如何才能知道？

些动物有而另一些则没有。笛卡尔认为，只有人类才有灵魂，所以其他动物都是“无感觉的自动体”。另一方面，意识可能是一个连续体，一些动物拥有的意识比另一些多。任何有效的意识理论都应该明确地说明哪些动物有意识，以什么方式拥有意识，以及为什么有意识。

我们如何才能找到答案？我们再次碰到意识那个无法破解的奇妙特征。世上没有探测意识的机器；也不是说我们可以在某些动物的大脑中发现产生意识的密室，但在其他动物身上却找不到。因此这个问题依旧是一个问题。如果一个问题无法回答，那最好就不要再问了。

就算仅仅是因为我们关心动物苦痛的缘故，这个问题也不会消失。无意识的自动体不会有痛苦。如果笛卡尔和他的后继者是对的，那么我们不必担心动物会受痛苦。但动物看起来的确是在受苦。一只皮毛厚实光亮、双眼有神，正在嬉戏的猫，心情显然是高兴的；而那只皮毛稀疏湿软、目光呆滞、举步维艰、腿上的伤口还在流血的猫显然是非常痛苦的。但我们可以肯定自己的直觉是正确的吗？

人的这种直觉是出了名的变化无常。比如，人们通常赋予温柔、惹人怜爱以及与我们相似的动物更多的感情，比如有一双目光前视的眼睛的猫和兔。人们会对有目的前进的任何物体采取有意图的立场，即使对最简单的机器人也是如此。使用较复杂的机器人做的实验表明人们是多么愿意赋予那些模拟人微笑、皱眉或侧耳倾听的金属脑袋以感情。所以我们不能相信这些直觉。

为了打破这一僵局，生物学家玛丽安·斯坦普·道金斯（Marian Stamp Dawkins）认为如果动物真的在遭受痛苦，那么它应该愿意想办法避免不幸。考虑到层架式鸡笼里的母鸡没有可以抓挠的干草，她设计了一个实验，让母鸡必须扒开很厚的帘子才能进入有干草的笼子。母鸡显然更喜欢有干草的笼子，但不会付出努力进到里面去。这种行为测量能够帮助我们衡量动物的痛苦程度，但可能仍有一些人会说："这虽不错，但会不会只是它们表现得很痛苦，抑或是它们真的感觉很痛苦？"

回答这个问题的最好办法是找到一个理论可以区分哪些能力和行为意味着意识，而哪些没有。就动物意识而言，目前有几种这样的理论。

镜子、自我和其他精神

照镜子，你从中看到了什么？当然是你自己。这个问题看似毫无价值，但却是一个了不起的成就。能看到自己意味着你必须有自我感，这就是为什么镜子自我认同已成为一个如此著名的测验的原因。如果像有些人认为的那样，意识取决于拥有自我感，那么镜子测验就能让我们对动物意识有所了解。我们需要找出能从镜子中认出自己的动物。

养宠物的人会证明猫、狗和兔子都认不出镜中的自己。在第一次看到镜子时，它们会饶有兴趣地跑过去，甚至绕到镜子背面去找它们从镜子中看到的另一只狗或兔。但它们很快就对此失去了兴趣。有些鱼会跟镜子中的自己打斗，鸟会向镜子中的自己展示美丽的羽毛。它们显然以为自己看到了另一条鱼或另一只鸟。但猴子和类人猿会怎样呢？

1872 年，查尔斯·达尔文（Charles Darwin，1809—1882）尝试着给动物园里的两只小猩猩一面镜子，并记述它们如何玩耍，以及如何试图去亲吻镜中的影像。但达尔文并不能肯定它们是否认出了自己。一个多世纪以后，心理学家戈登·盖洛普（Gordon Gallup）设计了一个实验来找寻这个问题的答案。他给一群年幼的黑猩猩很多时间照镜子，然后把它们麻醉并在它们的脸上画了两个明显的红点，一个在眼睛上面，另一个在对侧的耳朵上。当它们清醒过来后，他让它们照镜子。你我在这种情况下可能会马上看到红点，并试图去摸它并把它擦掉。黑猩猩也是这样做的。它们摸红点的时间明显多过摸脸对侧的相应部位的时间。

自那以后，人们还对其他许多物种进行了测验。婴幼儿从 18 个月左右开始就可以通过这个测验。在其他 4 种生物中类人猿、黑猩猩、倭黑猩猩和猩猩大多数情况下也会触摸红点（虽然它们之间差异也很大），但大猩猩却不会。实验表明，虽然猴子能够用其他方式使用镜子，如伸手够只能通过镜子才能看到的东西，但它们没有自我认知。这表明类人猿和其他动物存在巨大的差别。但这里面还有许多疑点和问题。例如，有些鲸鱼和海豚极其聪明，它们喜欢玩镜子，也可能有自我概念，但却没有手来摸红点。

图 24 镜子自我认知被用来检验自我意识。在盖洛普的实验中，黑猩猩试图擦掉只能通过镜子才能看到的点。

这个测验虽然很有趣，但并不能明确地回答意识的问题。实验设计者盖洛普确信黑猩猩不仅能够认识镜子中的自己，而且也有自我概念、个体过去和将来的概念以及自我意识。怀疑论者则仅仅赞同黑猩猩能够用镜子中的影像审视自己的身体，并认为这并不意味着自我意识。

另一种了解自我意识的方式是考察动物的社会智力，包括它们是否能明白其他动物心中的想法。其中的原理是，如果动物能够像人类那样具有心理理论，那么它们就可能反过来理解自己的内心，将自己看成是有愿望、意图和感受的。欺骗也与心理理论有关，因为为了欺骗别人，你必须考虑他们知道什么，他们想要什么。人们观察到黑猩猩在抢食物时会不断分散其他动物的注意，或躲在石头后面干一些非法的事。但灵长目动物学家丹尼尔·鲍威里尼（Daniel Povinelli）做的一些巧妙实验对黑猩猩的社会洞察力提出了质疑。

黑猩猩本能地会从人和其他黑猩猩那里乞讨食物。因此鲍威里尼在一些不常发生的情形下测试它们的乞讨行为。在一个实验中，两个实验者给黑猩猩提供食物，其中一个人用眼罩蒙住眼睛，另外一个则蒙住了嘴。但这在黑猩猩看来并没有任何区别，它们向这两个人乞讨的次数没有什么不同。它们甚至以同样的热情向另一个头上罩着木桶的实验者乞讨。看来它们似乎并不知道向眼睛看不见的人乞讨是毫无意义的。目前的结论是，黑猩猩没有心理理论。但即使这个结论也不是肯定的，它对动物意识的意思则更不确定。

最后一个分界线是语言，这似乎是人类所特有的。这里要强调的一点是要把真正的语言和其他形式的沟通方式相区分。比如，黑长尾猴至少有 3 种不同的报警声来警告同伴不同的危险；蜜蜂会跳复杂的舞蹈来传达有关食物源头和距离的信息；雄鸟会通过歌声的长度和变化来向其他鸟显示自己不一样的身份。这些方式连同许多其他沟通方式，对于动物的生活来说是至关重要的。但这些信号的含义是固定的，不能重新组合产生新的意义。在真正的语言中，任意的声音或符号都可以通过接近于无穷的方式组合起来，并产生同样接近无穷的意义。这些新的组合于是就成为文化基因[1]（meme），并且可以从一个人身上复制到另一个人身上。

试图教会其他动物语言的努力差不多以完全失败而告终，尽管早期人们还看到成功的希望。有几只黑猩猩、大猩猩和猩猩学会了美国手语，有的掌握了几百个手语词汇。还有一只名叫科科（Koko）的大猩猩甚至通过了镜子识别测试，这表明手语培训还有其他方面的作用。但这些类人猿大多只在要食品的时候才使用手语。它们不会像幼儿那样自发地命名物体，玩文字游戏，或告诉大家他的

1 文化基因，理查德·道金斯用 meme（米姆）来表述这个新的复制基因。meme 这个希腊词词根，听上去有点儿像 gene（基因）。在道金斯看来，我们可以遗传给后代的东西有两种：基因和米姆。gene 是生理基因，meme 是文化基因。

最新情况。

这些研究与意识的关系是这样的。有些人认为语言的加入完全改变了精神，并带来了意识的关键要素：包括自我感、心理理论以及思考过去和未来的能力。换言之，如果没有语言，任何动物都不能拥有意识。由于目前几乎没有证据表明其他动物也有语言，所以一定只有人类才具有意识。但我们如何得知？如果你认为这个问题难以回答，但与围绕着意识如何、何时以及为什么最先进化而来的困惑相比，这简直不值一提。

意识的功能

我们为什么会拥有意识？你可能会认为，既然我们**拥有**意识，意识本身一定具有进化的功能。

乍一看，这种观点似乎非常有道理。自然选择的进化论是伟大的科学洞见之一，简单却异常强大。有人说这是人类有史以来提出的最好见解。正如达尔文所意识到的那样，一个简单的反复过程能创造出看似不知从什么地方出现的最错综复杂和功能最强大的设计。其原理是：首先以某个东西为基础制造很多只存在细微差别的复制品，选出其中之一，然后重复这个过程。仅此而已。

这个过程的效力在于选择的效果。达尔文以解释人工选择开始，如有些人选择性繁育某种动物，而不是别的动物，从而增加某些理想的特征。但他意识到同样的过程一定也在自然选择中暗自进行。也就是说在食物、空间、光照和空气不足的世界，有些生物不可避免地会比别的活得好，而那些帮助它们赢得生存竞争的特征——无论是什么特征——将会遗传到后代身上。这种过程一直延续。正因为如此，眼睛、翅膀、头发和牙齿等特征都开始出现并不断演变。这些都是有助于动物生存的适应性变化，并且也将在繁衍中一直遗传下去。

意识是一种适应性变化吗？表面上看它可能必须是，因为适应不良的特征很快就会被选择所淘汰。但还有其他两大可能性：意识可能是一个无用的副产品，或者可能是某个适应性特征（即使看似不像）不可分割的组成部分。这 3 类观点在意识理论中都存在。但正如我们即将看到的那样，它们都会让我们遇到难题。

让我们从一个看似极其自然的观点开始，即我们人类的进化有可能不需要意识。换句话说，意识是一种可选的额外之物，我们都可能是无意识躯体。“这有什么不可能呢？”有人这样陈述自己的观点：“我完全可以想象一个世界，里面的人看起来完全一样，行为也毫无差异，只是内心没有意识；成为我也不会‘有什么体验’”。这种直觉引发了各种思维实验，如无意识躯体的双胞胎，甚至整个无意识躯体的世界。但这里有一个严重的问题。

想象一下如果进化重演，我们的祖先中有的是无意识躯体，有的则拥有意识——我们称他们为意识人。在这个混合着无意识躯体与意识人的人群中，自然选择开始起作用了。结果会怎样？肯定什么也不会发生。因为，**根据定义**，无意识躯体和意识人毫无差别。他们长相一样，行为一样，并且说的话也一样。这意味着自然选择没有任何机会起作用。相对于意识人来说，无意识躯体数量的增减将是完全随机的。这一有趣的结论让意识是一种可选的额外之物、无用的副产品或副现象的观点变得毫无意义。最好是完全抛弃整个无意识躯体的想法而另寻他路。

于是还剩下两种可能性：意识要么本身是一种适应性变化，要么它必然伴随着其他适应性变化，或成为其他适应性变化的一部分。

如果意识是一种适应性变化，那么下面这种说法应该是有道理的：我们的进化可能不需要它；但在这种情况下，我们不会成为哲学家所说的无意识躯体，而更可能成为好莱坞影片中的海地僵尸——缺少某些重要特征，欠缺一些关键能力的造物。那么进化可能更喜欢意识人。如果你持这样的观点，你必须解释意识添加了什么；你会回想起我们在意识本身的功能这个概念上遇到的麻烦。首先，很难理解**主观体验或成为……有什么体验**能够真正影响什么事情。然后，种种证据都表明，所有的体验都来得太迟，难以引发行动，也不会产生人们普遍认为它应该产生的效果。

尽管如此，还是有好几种理论持这种观点。其中最具影响的是心理学家尼古拉·汉弗莱（Nicholas Hamphrey）在 20 世纪 80 年代提出来的观点。他认为我们的祖先能进化出意识是因为他们是高度社会化的动物，有着复杂的婚姻关系和人际关系。能够最准确地预测他人行为的个体会占据优势，而这么做的最好方法是进化出一种“内眼”来观察自己。这样，反省的能力被进化出来，我们也因此变成有意识的了。由于强调社会智力和心理理论起源，汉弗莱的理论产生了极大影响。但仅就意识而言，该理论受到了很多批评，其理由是认为反省不能很好地指导行为，内眼的说法有近似二元论的危险，而且该理论还是没有解释**主观性**。还有一些理论建立在汉弗莱理论的基础上，但也面临同样的困难——主观性从哪里开始适应的，以及为什么**体验本身**能提供任何选择优势。

第三种也是最后一种可能性是：抛弃**体验自身**能起任何作用的想法。根据这种理论，意识不是一种适应性变化，这么说不是因为它是一个无用的副产品，而是因为它离不开智力、感知、思维、自我概念、语言或其他进化而来的能力。也许大多数唯物主义的科学家都这样认为。他们以为，当所有这些能力都得到解释后，我们终将理解意识。问题在于，这一天似乎遥遥无期。而且目前还没有令人信服的理论能够解释为什么拥有其中任何一项能力就可以让我们过上有意识的精神生活——为什么**主观性**必然伴随着其他所有能力。这并不是说这一切不可能得到解释，但在我们能够作出解释之前，我们会不断陷入相信无意识躯体的境地，并与那个困难的问题不断纠缠。

现在我们可以看到，意识的进化理论包括从那些把意识的起源追溯到生命的产生的理论，到将其与感知、智力或其他一般能力的进化联系在一起的中间理论，再到那些将其与语言、模仿或文化基因联系在一起的理论，不一而足。但没有人会一致同意哪个理论是对的。更重要的是，谁也不知道该如何做才能搞清楚。

文化基因

文化基因是通过模仿而在人群中复制的习惯、技能、行为或故事。同基因一样，文化基因的复制需经过竞争；文化基因不是锁定在细胞内的化学物质，而是从一个大脑跳到另一个大脑，或由大脑跳入电脑、书籍和艺术品中的信息。得胜的文化基因在世界各地传播，所到之处塑造我们的思想和文化。

文化基因通过彼此协作形成巨大的文化群。许多这样的文化群能够提升我们的生活品质，例如金融体系、科学理论、法制、体育和艺术等。但另一些则像传染病或寄生虫，从一个寄主跳到另一个寄主身上，如江湖医术、邪教、连锁信和计算机病毒等。这些文化基因的基本结构是以威胁和承诺的方式发出“复制我”的指示。

许多宗教都只是运用这种结构。这就是为什么理查德·道金斯（Richard Dawkins）称它们为“思想的病毒”的原因。天主教徒被规劝要将自己接受到的教化这一文化基因传给他人，尤其是给自己的子女。祈祷、餐前感恩、唱圣歌、上教堂以及为宏伟的建筑物捐款，这些统统都是为了文化基因的利益，并通过永远的地狱或升入天堂等无法检验的威胁或允诺来加以鼓励。同样，伊斯兰教的律法通过严惩那些背信弃义的教徒来保护其文化基因。没有依据的信仰受到崇拜并禁止怀疑，通过这种方式，宗教的文化基因就可被完全复制，无论其核心信仰是否真实或存在任何价值。极端的情况下，我们会发现文化基因杀害其传播者，或者将人们的精力从抚育孩子转移到传播文化基因上，比如为自己的信仰而死的殉道者或禁欲的教士。传统的宗教主要通过垂直传播（父母传给子女）得以保存。文化基因的理论应该可以让我们预言它们如何应付越来越快的横向传播，以及哪些新兴的宗教与邪教有可能保存下去。

自我也能成为一个文化群，即一群共同繁殖的文化基因，它们在每次使用“我”字时都得到加强。诸如“我想……”、“我相信……”、“我知道……”之类的短语都会产生这个错误的观点，即持续的内在自我拥有意识体验。实际上，只是被复制的字句和互相竞争的文化基因使我们发展成现在这个样子——被迷惑的文化基因的机器。

意识的未来

我们遇到的困惑是如此复杂和严峻，我认为它可能揭示了思考意识的一般方式中存在的根本缺陷。也许我们需要抛弃最基本的假设从头再来。

有两个几乎人人皆知的最基本假设：一是体验发生在人身上，没有体验者就不可能有体验。这并不意味着需要一个固定不变的自我，但它确实意味着知道自己在读这本书的“你”和昨晚入睡并在今早醒来的“你”是同一个人。这一点必须被抛弃。

第二个假设是体验像一股思想、情感、图像和感知流一样流经有意识的头脑。流可能会暂停、改变方向或中断，但在心灵剧院里它仍是一系列意识活动。如果你问“吉姆现在的意识中有什么？”，这里的底线是一定得有一个正确答案，因为吉姆的部分思想和感知在意识流中，而其余的则不在。这一点也同样需要被抛弃。

所以我们从一个新的起点重新开始。这次的起点已大不相同。我们从这个最简单可行的观察开始，即每当我问自己“我现在有意识吗？”，答案永远是“是的”。

但其他时候是怎样的呢？有趣的是，我们无法知道。每次问这个问题，我们都得到肯定的答案，但我们无法确定不问这个问题时会是什么情形。这让我们回想起变化盲或视觉的“大幻觉”理论。但对视觉而言，你可以重复看，每次你都会看到一个丰富的视觉世界。于是你以为它总是在那里。你可以试图瞥一眼某个东西，但永远无法知道没看的时候这个东西是什么样子。这就像试图很快打开冰箱看里面的灯

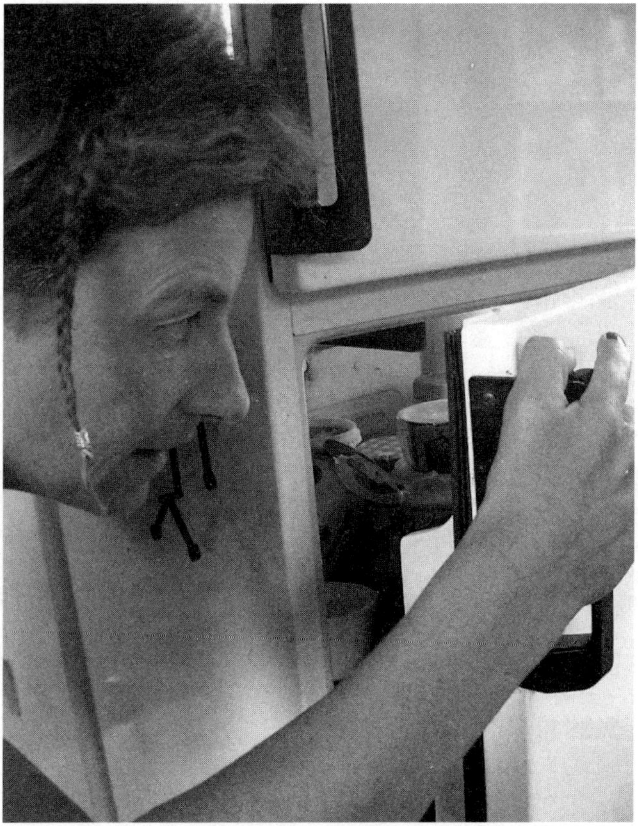

图 25 当你没问“我现在有意识吗？”这个问题时会有什么样的体验？试图回答这个问题就像试图迅速打开冰箱门看里面的灯是否一直亮着一样。

是否一直都亮着一样：你永远赶不上灯灭的时候。

意识的大幻觉理论由此而来。我们人类很聪明，能说话，会思维，能够问自己“我现在有意识吗？”这样的问题。接下来，因为得到的回答总是肯定的，我们就立刻得到一个错误的结论，即认为我们总是有意识的。其余的观点也由此产生。我们认为在生活中每一个清醒的时刻我们都必须意识到这样或那样的东西，因为无论何时我们问自己那个问题，都发现这确实是事实。所以我们发明了与这一结论相符的比喻，如剧院、探照灯和意识流。但我们错了，彻底错了。

事实是，当我们没有问这个问题时，没有任何意识的内容，也没有任何人能体验到意识。相反，大脑不断运行，并行执行多个过程——正如丹尼特的多重草图理论所描述的那样——这其中没有任何东西是在意识之内或者意识以外的。事实上，大脑活动是有意识还是无意识的整个观点都可以被抛弃，两者之间的“神奇差异”这个问题也可一并抛弃。

于是乎，意识是一个大幻觉。这个幻觉是通过问“我现在有意识吗？”或“我现在意识到什么？”这样的问题而产生的。在提问的那一刻，答案被编造出来：现在、意识流以及观察它发生的自我，一并产生出来，而在下一刻，这一切又都消失殆尽。下次你再问的时候，凭着记忆，一个新的自我和新的世界被编造出来。如果你到现在还相信你一直都是有意识的，并继续创造流和剧院之类的比喻，那么你只会在困惑中越陷越深。

用这种崭新的方式来思考意识，大部分老问题都会不复存在。我们不需要解释意识如何从大脑的客观活动中产生或出现，因为它没有。我们不必解释有意识的大脑活动和无意识的大脑活动之间的神奇差异，因为它们并没有任何差别。我们不必为主观体验如何进化而来或者它是否有功能之类的问题感到好奇，因为原本就没有体验流，只有造成错觉的稍纵即逝的事件。

根据这个观点，只有能够被如此蒙骗的造物才可能像人类这样拥有意识。这可能意味着人类是独特的，或几乎是独特的，因为只有他们才有语言、心理理论、自我概念以及其他有助于创造错觉的因素。其他动物过自己的生活，其间不断创造瞬时的知觉世界——如果你愿意，也可以认为是在创造体验，但这种体验不同于发生在人身上的体验流。它们永远不会问让自己陷入困惑的难题。

那么，成为这些动物会有什么样的体验呢？也许有点类似稍纵即逝的构建；或像鸟飞回到栖息处时向后飞逝的丛林；或像骏马驰骋或兔子逃难时肌肉伸展带来的疼痛；或像声呐指导蝙蝠飞行时昆虫身上所体验到的迫近感。但除了说与我们绝大多数时间的体验有点相似以外，“成为蝙蝠会有什么体验？”这个问题并没有真正的答案。只有当我们问这个问题时，这个问题才会有一个答案。

电脑可能有意识吗？这又是一个棘手问题，长期以来一直很复杂。有人认为只有生物体才有意识，但其他人认为这个问题只关乎电脑所执行的功能，而非它由什么构造。根据意识的幻觉理论，答案很简单。如果任何机器有语言，或文化基因，或能问出“我现在有意识吗？”这个问题，并且能够编造有关内在自我与自身精神的理论，那它就可能像我们一样被迷惑，并以同样迷惑的方式认为那是意识。否则，它会像非人类的动物一样，通过与环境的相互作用建构临时的感知世界，但从未想过自己在经历它们。

采取这种新的研究角度，还存在一个大问题，就是质问的本质是什么。一个造物，或者为这个问题而设计出来的机器能够问自己问题，这究竟意味着什么？一个探讨这个问题的方法是研究当一个人这样深深地质疑时，他的大脑里发生着什么。大脑活动的流动模式是否会以某种方式汇到一起？可能会出现特殊的模式和连接吗？使用类似于大脑神经机制研究中所采用的方法，我们或许可能找到答案。

另一个问题是，我们人类是否能完全抛弃幻觉，并且还能够体验世界。那些练习某种形式的冥想或静观的人声称可以做到。他们说那个平常的世界已经瓦解，存在的只有体验而没有体验者。处于这种状态的人的大脑活动模式会是什么样的呢？如果能够找到答案，我们或许能更进一步理解幻觉是如何产生的。虽然我们并不能保证这一定是一个更简单的方法，甚至也不能保证它是否可行，但它肯定不同于现在的方法。

参加这种研究的受试者要求必须拥有高度熟练的技术。有一种可行的技术是禅宗的冥想，它使用叫做“公案”的特殊故事或问题，还利用相关的下列问题：“我是谁？”、“现在是何时？”以及“这是什么？”。照这种方法练习能一直保持一种质疑的心境，并不断探寻。还有的人修炼静观，他们无论是否在冥思，都试图保持警觉，并完全敞开地呈现在当前时刻。经过长期修炼，这种看似简单的技术能够产生出一种状态。在这种状态下，各种现象不断出现又消失，但没有任何时间或空间的感觉，也没有人在体验它们。

通过这种方式探索意识，科学家可以对练习者进行研究，但可想而知的是，同一人既可以修炼也可以做研究。事实上，已有一些科学家采用这样的方法修炼，也有一些修炼者研究科学。这给我们带来希望，即科学与个人修炼最终可能走到一起，以便让我们看得更加清楚——抛掉错觉，深刻洞察自我和他人的幻觉，把我们留在单一的世界中——没有二元性，也没有人问这样的问题。